Topos plus **Taschenbücher**
Band 631

Hans Kessler

Das Leid in der Welt – ein Schrei nach Gott

Topos plus Taschenbücher

Topos plus Verlagsgemeinschaft

Butzon & Bercker, Kevelaer | Don Bosco, München
Echter, Würzburg | Verlag Katholisches Bibelwerk, Stuttgart
Lahn-Verlag, Kevelaer | Matthias-Grünewald-Verlag, Ostfildern
Paulusverlag, Freiburg Schweiz | Friedrich Pustet, Regensburg
Tyrolia, Innsbruck Wien

verlags gruppe engagement

Bibliografische Information der Deutschen Nationalbibliothek

Die Deutsche Nationalbibliothek verzeichnet diese Publikation in der Deutschen Nationalbibliografie; detaillierte bibliografische Daten sind im Internet über http://dnb.d-nb.de abrufbar.

Neuausgabe

Einband- und Reihengestaltung:
Akut Werbung GmbH, Dortmund
Herstellung: Pustet, Regensburg
Printed in Germany

Topos plus – ISBN (13): 978-3-7867-8631-3

www.topospluS.de

Inhalt

Einleitung

Warum all die Übel, das Böse, das Leid in der Welt? Warum wird manchen Menschen so unsäglich viel und schweres Leid aufgebürdet, daß sie darunter zerbrechen? Warum müssen unschuldige Kinder, warum Gerechte, warum Tiere leiden? Wie kann Gott das zulassen? Wo bleibt er im Leid seiner gequälten Kreaturen? Hört er den Schrei der Leidenden nicht? Warum greift er nicht ein?
Die Fragen sind uralt. Doch in unserer Zeit wurden sie durch die maßlosen, von Menschen verursachten Leiden, für die der Name »Auschwitz« steht, und durch eine bewußtere Wahrnehmung naturbedingter, nicht von Menschen verursachter Leiden in der Schöpfung so gewaltig verschärft, daß heute am Leid- und am Theodizeeproblem vorbei kaum noch ein Sprechen von Gott möglich erscheint. Das Leiden in der Schöpfung scheint in einem unlösbaren Widerspruch zum Glauben an einen allmächtigen und liebenden Gott zu stehen. Wird das Festhalten an diesem Gott also widersprüchlich, irrational, obsolet? Kann ich vom Gott der Liebe und des Heils nur noch sprechen, wenn ich von der Realität des Leids in der Schöpfung absehe? Und wenn ich umgekehrt die Realität des Leidens nicht verdrängen, vielmehr die leidenden Kreaturen achten und in ihrem Leid bei ihnen sein und womöglich helfen will, muß ich dann vom Gott der Liebe Abschied nehmen? Oder muß ich dann vielleicht gerade an diesem Gott festhalten? Haben nicht die Menschen der Bibel gerade mitten im eigenen Leid von diesem Gott gesprochen?

Jedenfalls erweist sich das Leid- und Theodizeeproblem heute zunehmend als »die erste und wahrscheinlich größte Schwierigkeit in der Gottesbeziehung überhaupt«[1].

[1] So K. E. Nipkow, Erwachsenwerden ohne Gott? Gotteserfahrung im Lebenslauf, München [4]1992, 56.

Und es ist kein Zufall, daß gerade in der letzten Zeit philosophische und theologische Beiträge zu diesem Thema sich häufen.[2] In der Tat, wenn Glaube und Theologie redlich sein und vor der Realität nicht die Augen verschließen wollen, können sie der Frage nach Gott angesichts der Leiden in einer Welt, die seine Schöpfung sein soll, nicht ausweichen. Statt aber vorschnelle, billige, beruhigende Antworten zu liefern, gilt es, sich der ganzen Härte der Frage zu stellen, die eigene Antwortlosigkeit auszuhalten, um glaubwürdige Perspektiven zu ringen, und sei es im Offenlassen von Fragen.

Im Folgenden möchten wir zunächst die Dimensionen der Problematik beleuchten (I), in die wir dann tiefer einzudringen versuchen, indem wir (II–IV) die bisherigen Bemühungen um sie in den wesentlichen Stationen und Ansätzen skizzieren und auf bedenkenswerte Aspekte hin durchprüfen. Dabei werden wir einerseits aussagekräftige Autoren, Gottsucher und Zweifler, Dichter, Denker und Beter, bewußt auch selbst zu Wort kommen lassen, also auf Lebenszeugnisse hören, die zu denken geben. Andererseits werden wir manch nötige Differenzierung oder Perspektivenveränderung vornehmen (dies besonders in IV, wo es um das Verständnis von Allmacht, von Güte, von Unbegreiflichkeit Gottes geht). Auf diesem Hintergrund tasten wir uns schließlich (V) – eher in Fragen denn in fertigen Antworten – an jenes bruchstückartige Verstehen heran, das Orientierung geben könnte für ein heutiges Leben und Handeln angesichts fremden Leids und im eigenen Leid.

[2] Siehe dazu die in den Anmerkungen dieses Buches aufgeführte Literatur.

I. Hinführung: Dimensionen und Voraussetzungen der Problematik

Wer »das Licht der Welt erblickt«, wird bald nicht nur Licht erblicken. Unsere Welt hat nicht nur Licht-, sie hat auch Schattenseiten und Dunkelheiten. Neben überwältigend Schönem und Gutem gibt es viele Übel, dicht neben Glück und Lust liegen Unglück und Leid. Gehören sie auch zu Gottes guter Schöpfung? Oder ist diese etwa gar nicht gut? Kann – und wie kann – sie je gut werden? Um solche Fragen auch nur einigermaßen angemessen bedenken zu können, sind einige Vorklärungen und Unterscheidungen nötig.

1. »Übel« und »Leiden«: Notwendige Unterscheidungen

a) Augustinus (354–430) definierte kurz und bündig: Als Übel wird von uns erfahren, was uns – vermeintlich oder wirklich – schadet.[1]

Schon früh differenzierte man zwischen verschiedenen Formen von Übeln, aber die gefundenen Unterscheidungen sind nicht eindeutig, die Aspekte überschneiden sich teilweise. Die mittelalterliche Scholastik unterschied (1) das malum *physicum*: das natürliche Übel (wie Fressen und Gefressenwerden, Naturkatastrophen, viele Krankheiten, Mißbildungen usw.), das Übel also, das, dem Menschen schon vorgegeben, in der Natur allenthalben gegenwärtig ist; und (2) das malum *morale*: das moralische Übel, d. h. das vom Menschen schuldhaft gesetzte sittlich Schlechte oder das Böse (Unrecht, Kränkung, Gewalt, Grausamkeit, Krieg usw.). – Da sich aber das Übel nicht

[1] Augustinus, De moribus Manichaeorum (387/389) II 3,5: malum est id quod nocet (= ein Übel ist das, was schadet).

einfach auf das physische und das moralische Übel reduzieren läßt, sondern tiefere, ontologische (d. h. in der Struktur des endlichen Seins selbst gründende) Wurzeln hat, unterschied Leibniz später von beiden noch (3) das malum *metaphysicum*: das metaphysische Übel, d. h. die mit der Kreatürlichkeit selbst gegebene Endlichkeit und Beschränktheit, Irrtumsfähigkeit und Fehlbarkeit, Vergänglichkeit und Sterblichkeit.

Neuere politische und Befreiungstheologie thematisiert außerdem (4) das *strukturelle* Übel: das Übel, das durch (gesellschaftliche, rechtliche, politische, wirtschaftliche, ideologische) Strukturen bedingt ist, die von Menschen geschaffen sind, sich ihnen gegenüber aber verselbständigt haben. Auch ist nicht alles, womit Menschen anderen oder sich selbst Leid zufügen, Schuld im moralischen Sinne; viel Leid wird verursacht aus Unkenntnis, Hilflosigkeit oder aus psycho-pathischen Zwängen, und letztere sind häufig durch in der Kindheit erlittenes schweres Leid (Gewalt, Mißbrauch) bedingt, haben also ihrerseits mit sozialen Strukturen und mit der Schuld anderer zu tun.

Mit den erwähnten Aspekten ist indes derjenige noch gar nicht genannt, der für biblische Menschen *das Übel schlechthin* darstellt: (5) das *theo-logische* Übel, nämlich das Abgeschnitten- und *Getrenntsein von Gott*, dem wahren Lebensgrund. Die anderen Übel, obgleich oft kaum zu ertragen, daher zu Klage und Bestürmen Gottes veranlassend (z. B. Ps 44 oder 77; Mt 6,13), werden demgegenüber relativ: »Mag Leib und Sinn mir schwinden, Gott ist ewig mein Fels und mein Teil« (Ps 73,26); »Deine Güte ist besser als das Leben« (Ps 63,4). Die anderen Übel sind letztlich erst dann wirklich schlimm, wenn sie »von der Liebe Gottes zu scheiden vermögen« (Röm 8,38f).

b) Als Übel verstehen wir Menschen also zunächst all das, was uns Menschen schadet. Um aus solch *anthropozentrischer Verengung* auf menschliche Erfahrungen von Übeln herauszukommen und analoge Empfindungen anderer Lebewesen nicht von vornherein auszuklammern, ist es sinnvoll, den Begriff ›Übel‹ von seinem leidvollen Charakter her zu definieren: Etwas ist deswegen ein Übel, weil es entweder *in sich leidvoll* ist (die Erfahrung von Qual) oder weil es *Leid verursacht* (die Ursache der Qual).

Der Begriff ›Übel‹ ist nämlich erst dort sinnvoll, wo wir es mit irgendwie *empfindungs- und leidensfähigen Lebewesen* zu tun haben. In einem Universum, in dem keine solche Wesen existierten, gäbe es keinerlei Übel. Die Explosion eines Sterns in einem *un*belebten Sonnensystem z. B. wäre kaum als Übel zu bezeichnen; anders jedoch ein Naturereignis (Erdbeben, Orkan, Flut, Dürre, Blitz), das irgendwelchen empfindungsfähigen Lebewesen Qualen oder Leiden zufügt. Übel (Leid) ist somit kein Sachverhalt der physikalischen Welt, sondern eine Empfindungs- oder Erfahrungsqualität und deshalb ein Sachverhalt erst der biologisch-sensitiven Welt. *Voraussetzung* für eine sinnvolle Verwendung des Ausdrucks ›Übel‹ ist die *biologische Fähigkeit, leiden zu können.* (Bloße Schmerzempfindungen sind nicht durchgängig leidhaft, da sie oftmals nicht schaden, sondern Warnsignale zur Abwendung von Schaden und Mittel zum Lernen darstellen; Schmerz wird dann zum Leiden, wenn wir keinen Sinn darin finden können.)

Die Fähigkeit, leiden zu können, hat sich im Laufe der Evolution des Lebens und der Organismen entwickelt. Sie nimmt offenbar zu mit zunehmender Komplexität des zentralen Nervensystems, wobei die Übergänge fließend, weil nicht exakt bestimmbar sind. Viele Tiere können leiden und leiden wirklich, wie die lebensweltliche Erfahrung weiß, wenn sie im Sprichwort sagt: »Quäle nie ein Tier zum Scherz, denn es fühlt wie du den Schmerz.« Beim Menschen und auch bei höheren Säugetieren umfaßt das Spektrum der Leiderfahrungen nicht nur physische Schmerz- und Mangelempfindungen, sondern auch komplexere wie Angst, Panik, Trauer usw. Vermutlich nur vom Menschen erfahrbar sind Leiden wie Demütigung, Scham, Ekel, Verzweiflung, Sinnlosigkeit, moralischer Abscheu, Schuld (ein Tier kann zwar Angst vor Strafe haben, aber nicht schuldig sein) und wohl auch Furcht vor dem Tod.

2. Was ist »Theodizee«? – »Theodizeen« und die davon zu unterscheidende »Theodizeefrage«

a) Der Begriff ›Theodizee‹ ist ein Einfall der Neuzeit. Leibniz hat ihn (1697) gebildet[2]. Das Kunstwort »Theodizee« bedeutet wörtlich übersetzt »Rechtfertigung Gottes« (»Freispruch für Gott«), zu ergänzen ist: angesichts der Übel und Leiden in der Welt. Strenggenommen ist eine Theodizee der Versuch, Gott in einer Art Gerichtsprozeß vor den Richterstuhl der menschlichen Vernunft zu ziehen und ihn vor diesem Forum rational zu rechtfertigen gegen den Vorwurf, er sei für die Übel in der Welt, seiner Schöpfung, verantwortlich. Dabei ist die Vernunft Anklägerin, Verteidigerin und Richterin zugleich, alles drei in einem. Es geht also um die sich autonom setzende menschliche Vernunft selber, um ihre eigene Selbstvergewisserung: Indem sie das größte der Welträtsel einer vernünftigen Einsicht zuzuführen unternimmt, sucht sie ihre eigene Macht und Reichweite zu erweisen.

In ihrem Verlangen, alles einheitlich zu begreifen und es so in den Griff zu bekommen, will die Vernunft die Dinge sozusagen ›zusammenkriegen‹: alles, auch Gott und das Übel, Gott und das Böse. Die Vernunft ›will es wissen‹. (Und wenn sie die Dinge und das Böse nicht *mit* Gott zusammenkriegt, dann macht sie es eben schließlich *ohne* Gott und begreift die Übel als funktional innerhalb des angeblich sich selbst genügenden Kosmos.[3])

Theoretische *Theodizee* in diesem strengen Sinne ist ein

[2] In seinem Werk »Essais de Théodicée«, das 1697 zum ersten Mal erschien. – Zur neueren philosophischen Diskussion des Theodizeeproblems vgl. bes. W. Oelmüller (Hg.), Theodizee – Gott vor Gericht? München 1990; ders. (Hg.), Worüber man nicht schweigen kann. Neue Diskussionen zur Theodizeefrage, München 1992; C. F. Geyer, Die Theodizee. Diskurs, Dokumentation, Tranformation, Stuttgart 1992; G. Theobald, Hiobs Botschaft. Die Ablösung der metaphysischen durch die poetische Theodizee, Gütersloh 1993.

[3] Dabei ignoriert sie dann zum einen, daß der Mensch sich über das Funktionale, das man wissenschaftlich erklären kann, erheben kann, und zum andern, daß vieles gerade nicht begreifbar ist, sogar in der mathematisch-funktional so exakten Wissenschaft der heutigen Physik.

typisch neuzeitliches Unternehmen. Und ein Unternehmen aus der Distanz. Denn es erhebt sich zwar aus der Erfahrung von Leid, um aber diese Erfahrung dann sogleich hinter sich zu lassen, sich in einen logisch oder spekulativ zu lösenden *Gedanken*konflikt zu verwandeln und die Frage der *praktischen* Leid-Bewältigung auszublenden. Keine noch so schlüssige Erklärung der Weltübel, keine Theodizee hat es deshalb je vermocht, die konkrete Erfahrung von Leiden auch nur im mindesten zu reduzieren. Ist also alle *rein theoretische* Theodizee ein Holzweg? Verfolgt sie eine Spur, die haarscharf am Eigentlichen vorbeigeht? Ist sie Aufkündigung der Solidarität mit den Leidenden und Opfern? Und weiter: Kann der Mensch mit seiner endlichen Vernunft überhaupt Gott angesichts der Übel der Welt rechtfertigen, im Zugriff auf etwas, worauf er gar keinen Zugriff hat, in vermeintlicher Erhebung auf einen – Welt und Gott übergeordneten – Meta-Standpunkt, den er gar nicht hat?

Müßte nicht, wenn schon, dann eine »*praktische* Theodizee«[4] entworfen werden, gewiß nicht theorielos und blind, sondern mit einer ihr entsprechenden und ihr dienenden (also praxisbezogenen) Theorie solidarischer Praxis: eine praktische Theodizee als – eben durch solidarische Praxis selber geschehende – praktische »Behauptung der Wirklichkeit Gottes angesichts des Leids«[5]?

Das Theodizeeproblem ist natürlich viel älter als der Name. Lange vor der Neuzeit – und zu allen Zeiten – gibt es *theodizee-analoge* (-ähnliche) *Versuche*. Sie versuchen die Übel und Leiden zu erklären: moralisch (als Strafe für Schuld bzw. Sünde), pädagogisch (als Maßnahme der Prü-

[4] So H.-G. Janßen, Das Theodizee-Problem der Neuzeit. Ein Beitrag zur historisch-systematischen Grundlegung politischer Theologie, Frankfurt a. M. 1982; ders., Dem Leiden widerstehen. Aufsätze zur Grundlegung einer praktischen Theodizee, Münster 1996; R. Ammicht-Quinn, Von Lissabon bis Auschwitz. Zum Paradigmenwechsel in der Theodizeefrage, Fribourg und Freiburg 1992.

[5] So Janßen, Theodizee-Problem, 31f., mit aus H. Peukert, Wissenschaftstheorie, Handlungstheorie, Fundamentale Theologie. Analysen zu Ansatz und Status theologischer Theoriebildung, Düsseldorf 1976 (Frankfurt a. M. ²1978), übernommenen Formulierungen.

fung, Züchtigung, Erziehung, Läuterung), ontologisch (als Mangel des Guten oder als unerläßlicher Teil der Gesamtordnung) usw. Wir werden später, im zweiten Teil, auf sie eingehen und sie exemplarisch an den diversen Versuchen des Augustinus erörtern.

b) Noch viel älter und ursprünglicher als Theodizeen und theodizee-ähnliche Versuche ist die existentielle Frage Leidender nach Gott und an Gott, die Theodizee-*Frage* (wie man sie kurz nennen kann). Sie bewegt sich auf einer anderen Ebene. Es ist die Ebene ureigener Erfahrung von großer Not und unbegreiflichem Leid, die sich *in Klage, Anklage, Protest* und im emotionsgeladenen Schrei ausdrückt: »Warum?«

Diese ursprüngliche, existentielle Theodizeefrage findet in Gebeten vieler Religionen, vor allem aber in vielen biblischen Psalmen bewegenden Ausdruck. Menschen, die an Gott als allmächtigen und gütigen Schöpfer glauben (oder glauben wollen), klagen ihm verzweifelt ihr Leid: Warum muß der Gerechte so viel leiden? (Ps 34,20) »Herr, warum bleibst du so fern, verbirgst dich in Zeiten der Not?« (Ps 10,1) »Wie lange noch vergißt du mich ganz, verbirgst dein Gesicht vor mir?« (Ps 13,2; vgl. 89,47) »Hat seine Güte für immer ein Ende? Hat Gott im Zorn sein Mitleid verschlossen?« (Ps 77,9f) »Mein Gott, warum hast du mich verlassen?« (Ps 22,2) »Warum hast du mich vergessen? Wie ein Fraß in meinen Gliedern ist mir der Hohn der Bedränger, die mir täglich zurufen: Wo ist nun dein Gott?« (Ps 42,10f; vgl. 79,10; 115,2) »Du hast es gesehen, Herr, so schweig doch nicht. Steh auf, wach auf, uns zu helfen, und erlöse uns!« (Ps 35,22f; 44,24–27)

Leidende machen Gott bitterste Vorwürfe, machen ihn für ihr Elend verantwortlich (z. B. Klgl 3,1–18; Hi 9,17f; 10,8; Ps 44,10–23; 88,15–19: *Du* hast mich zu Boden getreten, *Du* hast mich vernichtet, *Du* hast mir den Freund entfremdet, usw.), stellen ihn zur Rede. Im empörten Aufschrei des Protestes klagen sie ihn an, streiten und rechten mit ihm. Hiob verflucht den Tag seiner Geburt: »Dieser Tag werde Finsternis«, schreit er auf (Hi 3,1ff) und übt damit radikalen Widerspruch gegen Gottes Schöpferwort »Es werde Licht« (Gen 1,3); Gott soll die ganze Schöpfung rückgängig machen, die Hiob in seinem Schicksal fragwürdig geworden ist bis ins Bodenlose. Dieser Hiob geht so weit, Gott zum Prozeß herauszufordern, in welchem er Gott dessen Fehler, ihn, Hiob, mit Leid zu schlagen, demonstrieren möchte; und er hat die feste Gewißheit, von Gott Recht zu bekommen (Hi 23,1–7 u. ö.). Wie andere jüdische Beter schreit der sterbende Jesus: »Mein Gott, warum hast du mich verlassen?« (Ps 22,2; Mk 15,34) und appelliert so nochmals an den Gott, von dessen Nähe er nichts mehr spürt. In unserer Zeit halten ihm manche auch das Leid der nichtmenschlichen Kreatur vor, ähnlich wie es der Alttestamentler Fridolin Stier tat:

»Es ist etwas in mir, das sich weigert, dich aus der Haftung der Kreatur zu entlassen, dich in erhabenen Begriffen in eine unendliche Ferne des Andersseins hinauszudenken. Nein, nein, Herr, ich glaube nicht, daß du mich mit der banalen Auskunft abwimmelst, das sei eben die Ordnung (manche sagen: die autonome Mechanik) der Natur – ja, aber wessen ist diese Ordnung, wenn du der Schöpfer bist? Ich frage dich, DICH frage ich.«[6]

Die existentielle Theodizeefrage gibt es auch dort, wo Menschen skeptisch-zweifelnd oder in rebellischer Auflehnung Gott und Gottes Existenz selber in Frage stellen, ohne freilich einfach mit ihm ›fertig‹ zu sein und ihn definitiv für nicht existent zu halten. Heinrich Heine (1797–1856), seit 1848 wegen eines Rückenmarkleidens an seine »Matratzengruft« gefesselt, spricht rebellische Gebete und formt 1853 die Verse »Zum Lazarus«[7]:

Laß die heilgen Parabolen,
Laß die frommen Hypothesen –
Suche die verdammten Fragen
Ohne Umschweif uns zu lösen.

[6] F. Stier, Vielleicht ist irgendwo Tag. Aufzeichnungen, Freiburg 1981 (^{2}1993), 9. – Zu Hiob vgl. bes. den aufschlußreichen Kommentar von J. Ebach, Streiten mit Gott. Hiob, 2 Bände, Neukirchen-Vluyn 1996.

[7] H. Heine, Sämtliche Schriften in 12 Bänden, hg. von K. Briegleb, München – Wien 1976, Bd.11, 201f.

Warum schleppt sich blutend, elend,
Unter Kreuzlast der Gerechte,
Während glücklich als ein Sieger
Trabt auf hohem Roß der Schlechte?

Woran liegt die Schuld? Ist etwa
Unser Herr nicht ganz allmächtig?
Oder treibt er selbst den Unfug?
Ach, das wäre niederträchtig.

Also fragen wir beständig,
Bis man uns mit einer Handvoll
Erde endlich stopft die Mäuler –
Aber ist das eine Antwort?

So der rebellisch aufbegehrende Heinrich Heine. Immer wieder reflektierte er über den Sinn jener Schöpfung, in welcher Lebenslust und Fröhlichkeit von so viel Elend und Qualen konterkariert werden. Im Übermaß eigener Schmerzen weint und zweifelt er sich aus, nennt er Gott den »großen Tierquäler« (und ironisch-hadernd den »lieben Gott«), spricht von der »großen Gottesironie«, von der »großen Ironie des Weltbühnendichters«, und fragt sich, ob angesichts der unsäglichen Weltübel Gott nicht vielleicht bleich vor Schreck geworden ist und ihn am Ende gar »der Wahnsinn der Verzweiflung« packen könnte[8]. In seinen schweren letzten Lebensjahren ist Gott sein ständiger Adressat, dessen »schauerlich grausamen Spaß« er »einer ehrfurchtsvollen Kritik« unterwirft[9] und den er in verzweifeltem Nicht-Begreifen, unter Protest, mit der bösen Frage bedrängt: Warum? Heine streicht Gott nicht aus seinem Leben, er hält an ihm fest und hält die Spannung aus, bis zuletzt.

Die Theodizee*frage* ist eine Frage vor Gott und an Gott: Sie schiebt die ganze ungelöste Not ihm hin. Sie rechtfertigt Gott nicht, sondern rechtet mit ihm, so, daß die Beziehung zu Gott selbst auf dem Spiel steht und verhandelt wird. Sie spricht Gott nicht frei, sondern behaftet

[8] Ebd. 625.
[9] Ebd. 499.

ihn beim Leid seiner Schöpfung. Nicht wir können Gott vernünftig rechtfertigen; wenn schon, dann muß er sich selbst rechtfertigen. So verstanden geht es bei der Theodizeefrage – um J. B. Metz zu zitieren – »*nicht*, wie das Wort und die Wortgeschichte insinuieren mögen, um den *Versuch einer verspäteten*, einer gewissermaßen trotzigen ›*Rechtfertigung Gottes*‹ durch die Theologie angesichts der Übel, der Leiden und des Bösen in der Welt. Es geht *vielmehr* – und zwar ausschließlich – um die *Frage, wie denn überhaupt von Gott zu reden sei angesichts der abgründigen Leidensgeschichte der Welt, ›seiner‹ Welt.*«[10] Genau das ist unsere Frage in den folgenden Kapiteln, insbesondere in Kapitel IV und V. Zunächst sind indes erst noch die Voraussetzungen zu bedenken, die überhaupt erst die Theodizeeproblematik auslösen.

3. Unter welchen Voraussetzungen kommt die Theodizeeproblematik auf?

Die Realität des Leidens und Sterbens erzeugt nämlich nicht notwendig jenen Aufschrei oder jene Auflehnung, die dann in die Theodizeefrage oder analoge Fragen münden. Diese Art zu fragen ist vielmehr von bestimmten gesellschaftlichen und mentalen Bedingungen *abhängig*, vor allem auch *von Vorverständnissen der Wirklichkeit* insgesamt (also von transzendentalen Erfahrungshorizonten), die sich geschichtlich verändern.

a) So hat z. B. die große Pest, die in den Jahren 1347–1352 etwa 30–50 Prozent der Bevölkerung Europas dahinraffte, auch nicht ansatzweise zu jener Revolte gegen die Schöpfung und ihren Schöpfer geführt, die dann 1947 in Albert Camus' Roman »Die Pest« begegnet. Und eine ähnliche Konfrontation mit dem »schwarzen Tod« hätte in Indien, im Hinduismus, Jainismus und Buddhismus, nur die

[10] J. B. Metz, Theodizee-empfindliche Gottesrede, in: ders. (Hg.), ›Landschaft aus Schreien‹. Zur Dramatik der Theodizeefrage, Mainz 1995, 81–102, hier 82.

Überzeugung verstärkt, wie sehr die empirisch faßbare Welt nur vergänglicher Schein und Illusion ist, daß deshalb Erlösung für den Menschen nur im Aufgeben jeglichen Anhaftens an das Empirische, Vergängliche bestehen kann, in der Auflösung ins brahman bzw. ins nirvana, im Verlöschen.

Im Hinduismus und Buddhismus gibt es keine theodizee-ähnlichen Fragen, weil alles Leiden Auswirkung (karma) von Schuld der Leidenden selbst und von diesen auch selbst auszubaden, auszuleiden ist. Auch im Islam gibt es keine Theodizeefrage: Allah ist die höchste, unberechenbare Schicksalsmacht, der man sich nur unterwerfen kann; was geschieht, ist Allahs Wille, und der ist unbefragbar, in ihn muß man sich fügen; Allah anzuklagen und Rechtfertigung zu fordern, wäre Blasphemie. Eine Theodizeefrage gibt es nicht im Dualismus (Zarathustras, der Gnosis, Marcions oder Manis), weil hier das Problem dadurch eliminiert wird, daß für alle Übel und Leiden ein zweites Prinzip, ein böser Gegengott oder ein von Gott abgespaltetes Böses, ursächlich ist. Eine Theodizeefrage gibt es auch nicht im Pantheismus, weil hier das Göttliche willenlos ohnmächtig mit der Welt verwoben ist, entweder identisch mit der Weltwirklichkeit selber oder nur der zur Welt gehörige (ihr gegenüber nicht freie) Tiefengrund der bestehenden Welt; in beiden Fällen umfaßt und enthält das Göttliche in sich selber beides, Gutes wie Böses, trägt und bestätigt und ist es alles, wie es ohnehin ist und läuft; ein derart Göttliches nach dem Warum des Unheils fragen zu wollen, wäre sinnlos. Und es gibt ›natürlich‹ kein Theodizeeproblem im Naturalismus, der den Menschen der blinden Faktizität eines als sinn- und ziellos empfundenen Weltgeschehens ausliefert, unter Preisgabe der Subjektivität und Freiheit des Menschen. –

Eine uns Menschen wirklich befriedigende Antwort auf die Frage »Warum das Übel und die so maßlosen und qualvollen Leiden?« haben diese Weltanschauungen, die kein Theodizeeproblem kennen, alle nicht, so wenig wie irgendeine andere.[11]

b) Wann und wo kommt dann aber das Theodizeeproblem überhaupt auf? Es kommt nur dort auf, wo drei Dinge zusammen gegeben sind: wo (1) Übel und Leiden als bedrückende Realität in der Welt wahrgenommen und

[11] Vgl. A. T. Khoury – P. Hünermann, Warum leiden? Die Antwort der Religionen, Freiburg 1987.

nicht verharmlost werden, wo (2) ein einziger, absoluter Gott angenommen wird, der von der Welt – als ihr für sie verantwortlicher Schöpfer – unterschieden ist und der zugleich vollkommen mächtig und gütig (heilswillig) ist, und wo außerdem (3) dem Menschen die Würde der Freiheit (und damit des Fragens und Protestierens), auch Gott gegenüber, zuerkannt wird.

Erst unter diesen Voraussetzungen stellt sich das *Problem* der Theodizee, und zwar als Widerspruchsproblem: nämlich als vom Menschen geäußerter Widerspruch zwischen der Erfahrung von Übeln in der Schöpfung einerseits und dem Bekenntnis zu diesem all-mächtigen und vollkommen sittlich guten Gott andererseits.

c) Diesen Widerspruch suchen die theodizeeähnlichen Versuche seit der Antike und die theoretischen Theodizeen der Neuzeit durch rationale Erklärungen aufzulösen. Dabei machen sie eine weitere Voraussetzung: Sie unterstellen die *Harmonie* der *vorhandenen* Welteinrichtung, so daß das scheinbar Zweckwidrige sich rational auflösen und sinnvoll ins Ganze einordnen läßt. Der Widerspruch scheint zu verschwinden, indem das Übel/Leiden auf ein übergeordnetes Ziel hin instrumentalisiert wird zu einem letztlich Guten, indem es ontologisch zu ›beinahe nichts‹ depotenziert oder zum notwendigen Kontrastmittel des Guten ästhetisiert wird, indem es zum Mittel der Züchtigung und Reifung pädagogisiert wird (›durch Leiden lernen‹) oder zur Strafe für Verfehlung moralisiert wird (s. u. II.).

Gewiß, manches Übel und Leid, das *mich* trifft, kann ich vielleicht so deuten und daraus Konsequenzen für mein Verhalten ziehen. Aber ich kann nicht dem Leid *anderer* Menschen solche Deutung ansinnen, und erst recht nicht den grauenhaften Leiden in den Konzentrationslagern und Gulags; was dort geschehen ist, *darf* keinen verständlichen Sinn[12] haben, weil jeglicher Sinn – woher er

[12] Zum Sinnbegriff vgl. G. Sauter, Was heißt: nach Sinnfragen? Eine theologisch-philosophische Orientierung, München 1982, der einen funktional-zweckhaften und einen bedeutungvoll-semantischen Sinnbegriff unterscheidet, sowie O. Marquard, Zur Diätetik der Sinnerwartung, in: ders., Apolo-

auch stammen würde, und sei's von Gott – einerseits auf eine Rechtfertigung der Täter und ihrer Taten, andererseits auf eine Instrumentalisierung der Opfer hinausliefe.

Noch ein anderer Gesichtspunkt, den wir schon angedeutet haben, ist hier in Erinnerung zu rufen. Den *eigentlichen Theodizeen der Neuzeit* liegt der Anspruch der Vernunft zugrunde, das Ganze der Wirklichkeit erfassen zu können. Sie setzen (in einer letztlich rationalistischen Metaphysik) die rationale Durchschaubarkeit der Welt, mehr noch: die Überschaubarkeit von Welt *und* Gott zusammen, voraus, beanspruchen also so etwas wie einen (absoluten) Standpunkt über allen uns möglichen Standpunkten, oder – in einem anschaulicheren Bild gesprochen – die Vogelperspektive, während wir doch immer nur diverse Froschperspektiven einzunehmen vermögen. Die Antworten und Lösungen dieser Theodizeen bleiben deswegen, wie sich zeigen wird, zutiefst problematisch und unglaubwürdig. Sie suchen den – als Schlußstein zu unserer Welt passenden – Gott der Metaphysik zu retten, nicht aber den – von der Welt unterschiedenen (aber nicht getrennten) – Gott der Bibel wahrzunehmen; und sie spiegeln ein Denken, das die innere Eigenlogik religiöser Erfahrung und Praxis verkennt.

d) Anders ist es bei der Theodizee*frage*. Sie kommt nicht aus der Vogelschau und nicht aus der kühl-distanzierten Außenperspektive, sondern aus der Innensicht des Betroffenseins; sie entspringt religiöser Erfahrung und Praxis selbst. Wer die Theodizeefrage festhält, versucht den Widerspruch der Übel gegen Gott – und Gottes gegen die Übel – nicht zu beseitigen, sondern aus- und offenzuhalten: in Zweifel, Frage, Klage, Anklage, Protest, in Appell an Gott und in existentieller Inanspruchnahme Gottes, in Solidarität mit den Leidenden und womöglich in solidarischer Praxis der Leidminderung. Wenn es einen

gie des Zufälligen, Stuttgart 1986, 33–53, der einen sinnlichkeitsbezogenen, einen verständlichkeitsbezogenen und einen emphatischen oder glücksbezogenen Sinnbegriff unterscheidet. Die Bestimmungen beider Autoren sind wohl je für sich nicht zureichend und müßten zusammen- und weitergedacht werden.

Sinn der Schöpfung und des Lebens geben sollte, dann kann er nicht in bloßer Einordnung der Übel und Leiden in das Ganze bestehen, sondern letztlich nur aus einer Veränderung und Verwandlung der Welt, ihrer Leiden und des Lebens in ihr hervorgehen.

II. Klassische Theodizee-Versuche und ihr Ungenügen

Etwa zur selben Zeit, als in Judäa im Hiob-Buch dialogisch-existentiell mit Gott gerungen wurde, formulierte in Athen Epikur (341–270 v. Chr.) kühl-distanziert das klassische Dilemma:

»Entweder will Gott die Übel beseitigen und kann es nicht (dann ist er schwach, nicht allmächtig), oder er kann es und will es nicht (dann ist er mißgünstig, nicht gut), oder er kann es nicht und will es nicht (dann ist er schwach und mißgünstig zugleich), oder er kann es und will es – woher kommen dann die Übel und warum nimmt er sie nicht weg?«[1]

(Die klassischen Theodizee- oder theodizeeanalogen Versuche wollen dieses Dilemma lösen, also Gottes Güte und Allmacht mit den Übeln der Welt in Einklang bringen und sie auf diese Weise retten.)

Es ist aufschlußreich zu sehen, warum Epikur dieses Dilemma formuliert. Er formuliert es aus der Distanz und zum Zweck der Widerlegung des Gottesglaubens. Er will nämlich alle übernatürlichen Kräfte aus der Welterklärung ausscheiden, weil sie, wie er meint, dem Menschen nur die angezielte Lust (hedoné), das erstrebte Glück (eudaimonía) rauben, das Glück der ungestörten Gemütsruhe (ataraxía). Deshalb ist sein Ziel, die Menschen von Furcht (vor Gott, vor dem Tod, vor großem Schmerz, vor Unerfüllbarkeit der Wünsche) zu befreien und ihnen so das Glück gelassener Gemütsruhe zu ermöglichen.

Der christliche Schriftsteller Laktanz (ca. 250–317 n. Chr.), der freilich nur peripher ins Christliche hineingewachsen ist, zitiert den Epikur-Text und läßt sich auf dessen Fragestellung ein, tut sich aber mit der Widerlegung

[1] Epikur, Von der Überwindung der Furcht, eingeleitet und übersetzt von O.Gigon, Zürich 1949, 80 (die von mir in Klammern eingefügten Bemerkungen werden bei Epikur im Anschluß an den zitierten Satz ausgeführt).

schwer. Ganz im Gegensatz zu Epikur, nicht weniger aber auch im Gegensatz zu Jesus von Nazareth und dem eigentlich Christlichen, operiert er gerade mit der Furcht der Menschen. Sein Gedanke: Gott ist nicht bloß Güte, sondern auch strafende Gerechtigkeit; Furcht vor Strafe ist notwendig, denn ohne Furcht würden die Menschen wie Bestien leben.[2]

Auch sonst kommt man gern auf die uralten Erklärungsmuster für Übel und Leid zurück, nach denen Menschen quer durch die Kulturen immer zuerst greifen und die auch Hiobs Freunde vorgebracht hatten: Übel bzw. Leid ist Folge von Schuld bzw. von Gott gerecht verhängte *Strafe* für Schuld, oder es ist von Gott geschickte *Prüfung* und Bewährung, es ist Mittel der Erziehung und Reifung[3]. Doch solche Räsonnements helfen einem schwer und ungerecht leidenden Menschen meist nicht viel. Schon für Hiob, dessen Freunde ihn mit solchen Erklärungen traktieren, waren sie nur eine zusätzliche, unerträgliche Qual: »Wie lange noch quält ihr meine Seele, zermalmt mich mit diesen Worten? Wie tröstet ihr mit Schwindel mich, eure Antworten bleiben Betrug!« (Hi 19,2; 21,34).[4]

Nicht erst bei Augustinus (354–430), aber bei ihm gebündelt und weiterentwickelt, finden wir dann *die drei klassischen Versuche*, Gott (als den Inbegriff des Guten) von dem Vorwurf zu entlasten, er sei für die Übel in seiner Schöpfung verantwortlich: den ordnungstheoretischen, den privationstheoretischen und den (erb-)sündentheoretischen Ansatz. Ich bringe die drei Ansätze, welche die gesamte abendländische Tradition prägen sollten, in der Reihenfolge ihres zeitlichen Auftauchens bei Augustinus

[2] Laktanz, De ira Dei 13 19–22.

[3] So auch noch die soul-making-theodicy bei J. Hick, Evil and the God of Love, London [3]1985 (s. u. V Anm. 19), oder bei A. Kreiner, Gott und das Leid, Paderborn 1994, und ders., Gott im Leid, Freiburg 1997, 268–272.

[4] Hier liegt übrigens auch eine der Grenzen der heute so beliebten Reinkarnationslehren: Wer wird etwa einem behindert geborenen Menschen im Ernst sagen wollen, seine Behinderung sei Karma, sei Schuld-Folge seiner früheren Existenz? Das wäre menschlich nicht akzeptabel und sachlich völlig unglaubhaft.

und füge jeweils markante ähnliche Versuche der Neuzeit bzw. der Gegenwart an.

(Für die Leserin und den Leser, welche daran interessiert sind, die Entwicklung bei Augustinus selbst zu verfolgen[5], empfiehlt es sich, bei den folgenden Teilen 1–3 jeweils zuerst die Abschnitte a) – und bei Teil 3 auch b) – zu lesen und sich dann erst den jeweils angefügten weiteren Abschnitten zur Neuzeit und zur Gegenwart zuzuwenden.)

1. Der ordnungstheoretische Ansatz: Einordnung des Übels als funktionales Element in einer umgreifenden Ordnung

a) Die spätantike Philosophie (Stoa, Neuplatonismus) geht von einem geordneten Kosmos, einer rationalen Ordnung der Welt, aus. Die Dinge sind in ihrem Gang miteinander verkoppelt, es gibt Rhythmen, Maß, Gesetze. Kein Zufall formt die Gliedmaßen eines Insekts, kein Baum wächst grundlos. Leben und Tod, Körperlichkeit und Krankheit, Vielfalt und Schlechtes gehören zusammen. Die Vielfalt macht das Übel erst möglich. Der Neuplatoniker Plotin (205–270) nennt Unglück, Leid, Fressen und Gefressenwerden in der Natur, Unrecht, Armut und Krankheit: Da »waltet Gesetz« und »Maß«[6]. Und stoische Philosophie mit ihrem Ideal der Apathie (Unempfindlichkeit, Teilnahmslosigkeit) entschärft das Leiden.

Der junge Augustin, der sich 383 (mit 29 Jahren) enttäuscht vom dualistischen Manichäismus, dem er seit 374 verfallen war, abgewandt hatte und nach einer skeptischen Zwischenphase, von den Predigten des Ambrosius in Mailand fasziniert, dort in christlich-neuplatonisches Milieu geraten war und Plotin studierte, begann nun – wie die

[5] Dazu die gründlichen Arbeiten von H. Häring, Die Macht des Bösen. Das Erbe Augustins, Zürich 1979; ders., Das Problem des Bösen in der Theologie, Darmstadt 1985. Ferner J. Lösl, ›Ein überaus heilsames Übel‹ – Augustinus über den Schmerz, in: Wissenschaft und Weisheit 62 (1999) 3–25.

[6] Plotin, Enneade I 8,26.

Jugendschrift »De ordine« von 386 zeigt – seinerseits in die Ordnung und Schönheit des Ganzen zu vertrauen, in der – ganz gegen seinen früheren Manichäismus – eben auch das Übel seinen Platz habe. Man dürfe es nicht machen wie ein Mensch, »der auf einem Mosaikboden steht und dessen kurzer Blick nicht über den Umriß eines einzelnen Steinchens hinausreicht«[7]. Da »Ordnung das ist, wodurch Gott alles lenkt«, ergibt sich, daß auch das Böse diese Ordnung nicht durchbrechen kann, im Gegenteil: »Die Herrlichkeit der Weltordnung strahlt noch glänzender hervor, wenn auch das Böse in ihr sich vorfindet und dem Guten dienen muß«. Jede Unordnung ist also auf höherer Ebene Teil einer umfassenderen Ordnung.

Diese Ordnungsphilosophie führt zu einer *ästhetischen* Betrachtungsweise; auch Augustins moralische Verachtung des Bösen kann dessen ästhetische Rechtfertigung nicht verhindern.

Ostern 387 unterzieht der 33jährige Augustin sich der Taufe. In einer Schrift desselben Jahres hält er fest, daß Gott nicht das Übel liebt. Wenn es aber dennoch ist, muß es in dieser Ordnung aufgehoben sein. Das Üble geschieht nicht aufgrund der Ordnung Gottes; »erst nachdem es entstanden war, ist es in die Ordnung eingeschlossen«. Gott hat alle Naturen gemacht, »auch diejenigen, die sündigen werden: Nicht damit sie sündigen, sondern damit sie das Universum schmücken, gleich ob sie sündigen oder nicht sündigen«.[8]

Worin liegt der Vorteil dieser ordnungstheoretischen Sicht? Sie ist – auch heute noch – eine erste Möglichkeit, ungezählte Widrigkeiten, die schmerzhaft oder zerstörend wirken, im Rahmen umfassenderer Funktionssysteme als unausweichlich, nützlich, lebensnotwendig zu erkennen und womöglich produktiv zu verarbeiten: Schmerzen sind Signale, Entbehrungen können zu größerer Reife führen, ohne Aggression gibt es kein Überleben, ohne Fressen und Tod kein Leben und keine Evolution usw. Der Ver-

[7] Augustinus, De ordine I 2,3. Die folgenden beiden Zitate ebd. I 10,28 und I 7,18.

[8] Augustinus, De libero arbitrio III 11,32.

weis auf die Natur als Anschauungsmodell ist – trotz oder gerade wegen ihrer Zweideutigkeit – von archaischer Überzeugungskraft. Aber die Sicht hat auch ihre Grenze: So sehr der Hinweis auf Funktionszusammenhänge hilft, manches im Ablauf des Lebens zu verstehen – dem von Qualen, Grauen und Vernichtung Betroffenen bietet er nicht das angemessene Instrumentarium, sondern wirkt wie blanker Zynismus.

Augustinus hat die skizzierte Sicht bis zuletzt beibehalten, mit einer gewissen Trauer: »Wenn hienieden … das eine vergeht, das andere entsteht, das Schwächere dem Stärkeren unterliegt, das Überwundene vom Siegreichen aufgezehrt wird, so ist das nun einmal die Ordnung des Vergänglichen«[9]. Aber diese Sicht hat ihn nicht zufriedengestellt, und deshalb hat er das Problem weiter vorangetrieben und die beiden unter 2 und 3 folgenden Ansätze zusätzlich hinzugezogen.

b) Der Ordnungsgedanke wird zur Grundlage der neuzeitlichen theoretischen Theodizeen.

G. W. Leibniz (1646–1716) hat in seiner 1710 überarbeitet erschienenen Schrift »Essais de théodicee sur la bonté de Dieu, de la liberté de l'homme et l'origine du mal« die klassischen Argumente von einer Harmonie und Ordnung der Welt, in der das Übel – als Komplement des Guten, als Mangel an Gutem (s. u. 2.), als Folge von Schuld (s. u. 3.) – seine Funktion hat, erneuert und rational in großem Stil untermauert. Im Gespräch mit der ihm befreundeten preußischen Königin Sophie Charlotte, also vom erhöhten Standpunkt seiner geordneten Welt aus, hat er – Gottes Existenz, Weisheit und Güte (aus vermeintlich offenbarungsunabhängiger Einsicht) voraussetzend und in dem apriorischen Optimismus, daß alles gut sei – die passende Interpretation des Übels entwickelt und von einer »prästabilierten Harmonie« gesprochen. Zwar bleibt für Leibniz die von Gott geschaffene Welt durchaus doppelbödig: keine rundum herrliche Welt (wie er gegen Lord Shaftes-

[9] Augustinus, De civitate Dei XII 4.

bury betont), doch die beste (»optimale«) aller möglichen Welten, nämlich die beste der im Rahmen der Endlichkeit (also des metaphysischen Übels) möglichen Welten. Gott mußte eben bei der Erschaffung der Welt die Sachzwänge der zu vereinbarenden Momente respektieren; es gebe »keinen besseren Plan, sonst hätte Gott ihn vorgezogen«, er mußte das Übel hinnehmen. Die Dinge erweisen, so wie sie sind, die Vollkommenheit der Welt, es komme auf den Blick für das Ganze an, das Übel müsse nur richtig betrachtet werden[10].

So entsteht eine heitere Gesamtschau, in der die Übel – aus der Distanz des relativ unbetroffenen Betrachters – ihre Schrecken verlieren, zugleich aber Gott von allem erschreckend unberührt erscheint. Leibniz' Sicht ist durchzogen von neuzeitlichem Vernunftoptimismus: Der Mensch kann mit seiner Vernunft Gott erfassen und angesichts der Weltübel die Gerechtigkeit Gottes vernünftig erweisen.

Noch entschiedener geht G. W. F. Hegel (1770–1831) davon aus, daß alles Sein sich der begreifenden Vernunft zu fügen hat. In der geoffenbarten Religion sei Gott ganz offenbar geworden, daher sei nichts Geheimes mehr an Gott. Gott könne begriffen und gewußt werden als die Offenbarkeit des Geistes, der in der Weltgeschichte notwendig fortschreitet und – versöhnt ist. Noch das äußerste Negative sei bloß ein Moment der fortschreitenden Entwicklung. So wird für Hegel die Weltgeschichte – in ihrem die Gegensätze dialektisch vermittelnden Prozeß – zum Ort des sich selbst entfaltenden absoluten Geistes und damit selber zur Theodizee: »Daß die Weltgeschichte dieser Entwicklungsgang und das wirkliche Werden der Geschichte ist, unter dem wechselnden Schauspiele ihrer Geschichten – dies ist die wahre Theodizee, die Rechtfertigung Gottes in der Geschichte. Nur *die* Einsicht kann den Geist mit der Weltgeschichte und der Wirklichkeit versöhnen, daß das, was geschehen ist und alle Tage

[10] So G. W. Leibniz, Die Theodizee von der Güte Gottes, der Freiheit des Menschen und dem Ursprung des Übels (1710), Darmstadt 1985, besonders I § 8.

geschieht, nicht nur nicht ohne Gott, sondern das Werk seiner selbst ist.«[11] Die Frage nach den Opfern der Geschichte bleibt unbeantwortet. Ein nicht einzuordnendes, sinnloses Leiden, mit dem versöhnt zu sein sich verbietet, gibt es nicht. In der Weltgeschichte sei es vernünftig zugegangen, das Bestehende (Wirkliche) sei das grundsätzlich Gute (Vernünftige) oder doch aus guten Gründen Zugelassene. –

Spätestens »nach Auschwitz« vergeht einem solche Sicht: »Geschichte! *Die* Theodizee – wirklich?« (so fragt Rolf Hochhuth in seinem Stück »Der Stellvertreter« von 1963). Doch schon Heinrich Heine, der in Hegels Vorlesungen saß, bemerkte, sein schmerzender Rücken sage ihm, daß das nicht stimmen könne. Die Herabdeutung des Leidens auf seinen Begriff empörte ihn. Auch andere reagierten gegen diese vorschnelle Versöhnung Gottes mit dem Elend, die bloß im Gedanken (im Kopf, in der Projektion) erfolge und der Wirklichkeit nicht standhalte.

Die neuzeitlichen Theodizeesysteme werden gegenüber dem realen Leiden abstrakt und inhuman; deshalb sind sie für uns heute nicht mehr vollziehbar.

c) Pierre Teilhard de Chardin (1881–1955) wendet die Problematik evolutionstheoretisch. In einem statischen Weltverständnis mit entsprechend statischem Gottesbild sei es sehr schwierig, wenn nicht unmöglich, vor der Vernunft das Vorhandensein der Schmerzen und Sünden in der Welt zu rechtfertigen und mit der Existenz eines zugleich guten und allmächtigen Gottes zusammenzudenken. Anders in einem evolutiven Weltverständnis, weil dort das Theodizeeproblem, intellektuell (nicht affektiv) gesehen, nicht nur lösbar wird, sondern sich auch nicht mehr stellt. Denn in einem »tastenden System« sei es aus statistischen Gründen absolut unvermeidlich, daß jedes Voranschreiten in Richtung Ordnung und Einheit mit Entordnung und Zersetzung, jeder evolutive Erfolg »mit einem gewissen

[11] So lauten die abschließenden Sätze von G. W. F. Hegel, Vorlesungen über die Philosophie der Geschichte (von 1822; 1828; 1830), in: Werke in 20 Bänden, Bd.12, Frankfurt a. M. 1970, 540.

Anteil von Abfällen bezahlt« wird: mit »Disharmonie oder physischem Zerfall im Vor-Lebendigen, Leiden beim Lebendigen, Sünde im Bereich der Freiheit«. Sogar der Allmacht Gottes wäre es nicht möglich, die universale Evolution zu wollen und zugleich diese Kehrseite auszuschließen. Das Übel: ein Sekundäreffekt, ein unvermeidliches Nebenprodukt eines in Evolution befindlichen Universums[12]. Das Theodizeeproblem scheint ausgeräumt: »Das berühmte Problem existiert nicht mehr«.–

Doch bedeutet dies nicht eine Verharmlosung der konkreten Leiden?

Dennoch hat Teilhard sich nicht der Illusion hingegeben, daß ein intellektuell voll erklärbares Leid auch leicht zu tragen sei. Um es produktiv zu bewältigen, sei vielmehr »die transformierende Kraft« einer »Super-Caritas« nötig[13]. Liebe ist für Teilhard die Urkraft des Kosmos[14]. In allem »Sein« sei eine Bewegung der »Vereinigung«; Sein wird als (aktives) Vereinen und (passives) Vereintwerden interpretiert. Das vollkommene Erste Sein, Gott, »existiert nur, indem er sich vereinigt«, also trinitarisch[15]. Den Schöpferakt versteht Teilhard als Akt des Vereinens: »als Frucht, in gewisser Weise, einer Reflexion Gottes nicht mehr in sich selbst, sondern außerhalb seiner selbst«, also in die Endlichkeit und Vielheit gewendet; Gott schafft, um sich mit uns zu vereinigen; und dazu muß er sich in das Viele eintauchen, also auch in den Kampf mit dem Übel und Bösen eintreten, sich in Solidarität mit den Geschöpfen entäußern bis in den Kreuzestod Jesu.[16] Ziel ist die Vollendung der Schöpfung in der liebenden Vereinigung alles Geschaffenen in und mit Gott. Das Übel und das Böse wird als Widerstreben des noch nicht vereinten Vie-

[12] P. Teilhard de Chardin, Mein Weltbild (1948), Olten – Freiburg 1975, 59f.; das Zitat im nächsten Satz ebd. 59.

[13] Ebd. 85, Anm. 35.

[14] Vgl. dazu M. Trennert-Hellwig, Die Urkraft des Kosmos. Dimensionen der Liebe im Werk Pierre Teilhards de Chardin, Freiburg 1993. Außerdem die Beiträge von H. Riedlinger und G. Schiwy in: S. Daecke – C. Bresch (Hg.), Gut und Böse in der Evolution, Stuttgart 1995.

[15] Vgl. Teilhard de Chardin, Mein Weltbild, 56.

[16] Ebd. 57f.

len gegen das Vereintwerden, gegen Gottes Anziehung »von vorn«, gedeutet. »Erschaffen ist also für den Allmächtigen keine Kleinigkeit, keine Vergnügungsreise. Es ist ein Abenteuer, ein Risiko, eine Schlacht, in die Er sich ganz und gar einläßt.«[17] Der evolutive Prozeß der Schöpfung ist das große Drama des göttlich-menschlichen Erleidens und Erlösens des Kosmos. –

Doch trotz dieser theologischen Überformung und Synthese – es bleibt ein tiefes Unbehagen: Kann es befriedigen, die unbegriffenen Leiden eines von anderen gemarterten Kindes oder einer von anderen gequälten Kreatur als die »vitale Wahrnehmung unseres Minder-Seins« zu verstehen, herrührend von der »ungenügend reduzierten Vielheit, die wir in uns tragen«[18]?

2. Der privationstheoretische Ansatz: Das Übel und das Böse als bloßer Mangel an Gutem

a) Schon Platon (427–347) hatte erklärt: »Vom Schlechten muß man irgendwelche andere Ursachen aufsuchen, nicht aber die Gottheit«[19]. Seine Lösung: Die Gottheit formte die Welt aus einer schon vorausgesetzten Materie, die, weil mangelhaft, nur eine unvollkommene Gestalt der Welt zuließ. Für den Neuplatoniker Plotin (205–270) war dann die Materie der Inbegriff des Schlechten und Bösen. Dem mußte der christliche Augustinus widersprechen. Nun hatte Plotin aber, in Spannung zu seiner erwähnten Sicht, das Böse zugleich als bloße Privation (= Beraubung, Mangel) bezeichnet. Hier konnte Augustinus anknüpfen und das Übel ontologisch depotenzieren:

Was ist, ist insoweit auch gut. Das Malum, und zwar das physisch Schlechte wie das moralisch Böse, ist nichts Substantielles, denn sonst wäre es ja gut. Es ist vielmehr »nur ein Mangel an Gutem (privatio boni), bis dahin, daß es über-

[17] P. Teilhard de Chardin, Mein Glaube (ebenfalls 1948), Olten 1972, 103.
[18] Ebd. 261.
[19] Platon, Politeia 379C; vgl. 617D.

haupt nicht ist«[20]. Es hat keine eigene Substanz, ist nur die durch Gutes im Dasein gehaltene Nichtigkeit. Und je schlechter und böser es wird, desto mehr wird es selber zum Nichts. Demnach wäre das Malum nicht nur etwas, das nicht sein *soll*, sondern etwas, das wesenhaft nicht *ist*: »beinahe nichts« (prope nihil). Oder in etwas anderer Lesart: Wo ein Übel erfahren wird, muß es stets an etwas Positivem mangeln, muß es ums Fehlen von etwas Positivem gehen.

Diese Sicht bedeutet Gewinn und Verlust zugleich. Der Gewinn: Das Übel als Fehlen von Gutem, von Positivem, zu sehen, wehrt der Faszination durch das Böse (etwa in Gestalt des manichäischen Dualismus); es hilft, den Blick nicht aufs Übel zu fixieren, sich von seiner Macht nicht übermäßig einschüchtern und beherrschen zu lassen, vielmehr alle Kraft auf das Gute, das Positive, das Lebensdienliche zu richten, um dieses zu erreichen und für dieses zu kämpfen. Aber dieser Gewinn hat doch einen hohen Preis: Die ontologische (= seinsmäßige) Depotenzierung des Bösen und des Übels führt zu dessen Entschärfung bzw. Verharmlosung; seine unbestreitbare Realität, seine Härte und Abgründigkeit drohen ignoriert zu werden (und gerade so könnte es unmerklich Macht gewinnen).

Eines hat Augustinus mit der Formel vom Übel als privatio boni erreicht: Das Übel als bloßes Fehlen des Guten zu verstehen, entlastet den Schöpfer und ermöglicht den ontologischen Einklang mit der biblischen Aussage, daß alles gut ist. (Diese biblische Aussage ist freilich anders zu verstehen: ihr geht es darum, wie die Schöpfung von Gott her gemeint ist, nicht wie sie faktisch ist.)

b) Wie diese Erklärung des Übels als privatio boni statt zur Nivellierung des Problems auch zu einem positiven Impuls für den Umgang mit dem Leid werden kann, zeigt die neuplatonisch geprägte Einheitsmetaphysik und -mystik Meister Eckharts (1260–1328).[21] Für diesen ist

[20] Augustinus, Confessiones III 7,12.

[21] Vgl. dazu den Beitrag von Christine Büchner, Die Interpretation von Bösem und Leiden im deutschen und lateinischen Werk Meister Eckharts, in: H. Kessler (Hg.), Leben durch Zerstörung? Über das Leiden in der Schöpfung. Ein Gespräch der Wissenschaften, Würzburg 2000.

Gott das absolute Sein in Fülle, das Geschaffene hat Sein nur in Teilhabe an dieser Seinsfülle Gottes. Aufgrund der Trennung von seinem Schöpfer (= Mangel an Sein, privatio boni) aber tendiert das Geschaffene zum Nichts, welches das Wesen des Übels bildet; und zugleich strebt das Geschaffene zu Gott als seinem innersten Ursprung, Wesen und Ziel zurück. Der Mensch nun als das mit Bewußtsein begabte Geschöpf kann beides, das Getrenntsein vom vollen Sein und die ursprunghafte Einheit mit ihm, erkennen. Und so wird es ihm zur Aufgabe, aktiv auf die Überwindung des Abstandes und damit der Übel hinzuarbeiten, in dem Vertrauen darauf, daß nicht alles ins Nichts abgleiten kann, sondern das Sein sich letztlich durchsetzt.

3. Der (erb-)sündentheoretische Ansatz: Die Übel als Straf-Folge von Adams Sündenfall

a) Mit diesem Ansatz will Augustinus nicht mehr eine philosophische, sondern eine spezifisch bibeltheologische Erklärung der Übel und Leiden geben. Nach der damals üblichen, naiv historisierenden Auslegung der Paradieserzählung (Gen 2–3) ist die Schöpfung, auch die belebte Schöpfung der Tierwelt, ursprünglich leidlos gewesen; erst die Ursünde – der Mißbrauch des gottgegebenen freien Willens durch »Adam« – habe den Verlust des leidfreien paradiesischen Urstands bewirkt, und zwar nicht nur für den Täter Adam, sondern für seine gesamte Nachkommenschaft. So sieht es die ziemlich allgemeine altkirchliche Lehre, die Augustin aufgreift und seit 396 in die von ihm erfundene Idee einer durch Zeugung und Vererbung weitergegebenen Erbsünde und Erbschuld transformiert hat, die dann in modifizierter Form in den lateinischen Westkirchen Aufnahme fand. (Nicht zuletzt das Leiden der Kinder hatte Augustinus zum Erbsündentheorem geführt; seines Erachtens würden die Ängste und Leiden der Kinder, wären sie ohne Sünde, beweisen, daß es keinen gerechten und allmächtigen Gott gebe.)

Der altkirchliche und augustinische Gedanke reicht aber noch weiter, er bezieht auch die außermenschliche Schöpfung ein. In Röm 8,20 las man nämlich: »der Vergeblichkeit wurde die Schöpfung unterworfen, nicht freiwillig, sondern durch den, der sie unterwarf«. Unter dem Eindruck dieser unklaren Stelle nahm man an, daß durch die Ursünde Adams auch die Leiden der Tiere verursacht seien. Das war plausibel, solange man die Schöpfungstexte Gen 1–3 historisierend las (d. h. als reale Anfangsgeschichte mit Adam als Individuum[22]), solange man also von einer fertigen Schöpfung und der Konstanz der Arten ausging und einen paradiesisch leidfreien Urstand annahm. So lange konnte man sich – mit gewissen Schwierigkeiten[23] – auch das Leiden der Tiere (Gequält- und Gefressenwerden) als Folge von Adams Fall erklären, eine Erklärung, die in einer evolutiven Weltsicht nicht mehr haltbar ist.

Während Hiob es gewagt hatte, sein Leid Gott anzulasten, wird nun mit dieser (erb-)sündentheoretischen Leid-Erklärung der Schöpfer entlastet zu Lasten des – doch eigentlich gut geschaffenen – Menschen: Adam ist an allem schuld.[24] Eine moralistische Engführung: Der Mensch allein ist die Quelle und Ursache des moralischen Übels, des Bösen, und durch dieses ist er auch die Ursache für die

[22] Die alttestamentliche Forschung hat schon lange erkannt, daß der Text der jahwistischen Paradieserzählung Gen 2–3 (wohl um 900/800 v. Chr) ursprünglich nicht Auskunft über die zeitlichen Anfänge der Welt und des Menschen geben, sondern etwas sagen wollte, was zu jeder Zeit gilt (daß die Welt in jedem ihrer Zustände durch Gott als einzigen letzten Urgrund begründet ist; wie der Mensch von Gott eigentlich gemeint und wie er stattdessen faktisch ist, usw.). »Adam« ist nicht männlicher Individualname (dazu wurde er erst später), sondern Gattungsbezeichnung/-name; »Adam« heißt der »Erdling«, der von der »Adamáh« (= der roten Acker-Erde) Genommene (vgl. Gen 2,7) und bezeichnet den Menschen beiderlei Geschlechts: »Als Mann und Frau schuf er sie; und er segnete sie und gab *ihnen* den Namen *Adam*« (so noch die priesterschriftliche Stelle Gen 5,2 um 500 v. Chr).

[23] Etwa: Warum sollen schuldunfähige Lebewesen für die Schuld anderer bezahlen? Solche Fragen kamen freilich kaum auf.

[24] Sirach 25,24 (um 180 v. Chr) schiebt die Schuld dann auf Eva: »Von einer Frau nahm die Sünde ihren Anfang, ihretwegen müssen wir alle sterben.«

anderen Übel in der Schöpfung, also auch für die Grausamkeiten und Qualen in der außermenschlichen Natur.[25] Nicht Gott, sondern einzig der sündig gewordene Mensch allein trägt die Verantwortung für eine vom Leid zerrissene Schöpfung.

(Nach Augustinus darf Gott selbst in diese Frage nicht hineingezogen werden. Dabei bedenkt Augustinus das folgende nicht: »Da die Freiheit des Menschen als geschöpfliche Freiheit von Gott ermöglicht ... und aus ihm empfangen ist, kann sie für die Leidensgeschichte der Welt nicht letztverantwortlich sein«, fällt die Frage vielmehr erneut auf Gott zurück. »Warum also die Freiheit mit ihrer Sünde? ... Warum – o Gott – überhaupt die Schuld?«[26])

b) Eine gewisse Entlastung für den Menschen und eine volkstümliche Antwort auf die Frage nach der Herkunft des Bösen – also warum denn das Böse im Herzen des gut geschaffenen Menschen aufkommen konnte – ergab sich dadurch, daß man auf den Mythos vom Fall und anschließenden Sturz bestimmter Engel, vor allem des Satan, zurückgriff. Dieser Mythos findet sich in einigen außerbiblischen jüdischen Schriften kurz vor und nach der Zeitenwende (Henochbuch, Jubiläenbuch, Testament Ruben, Vita des Adam u. a.)[27]. Als Ursache des Engelfalls werden dort genannt: (1) sexuelle Verfallenheit der Engel an Menschenfrauen, mit denen sie Riesen zeugen[28]; (2) ferner der Neid der Engel auf die Menschen wegen ihrer Gotteben-

[25] Eine spätere Kritik lautet: Gott ist zwar nicht schuld am Freiheitsmißbrauch des Menschen, aber er trägt doch auch Verantwortung dafür, daß er den Menschen mit diesem gefährlichen Vermögen der Freiheit ausgestattet (und den Mißbrauch nicht verhindert) hat; evolutiv gewendet: Gott ist auch zuständig dafür, daß im Schöpfungsprozeß die Möglichkeit der Freiheit und damit des Bösen begründet ist.

[26] J. B. Metz, Theodizee-empfindliche Gottesrede (s. o. I Anm. 10), 90.

[27] Zum Folgenden vgl. K. E. Grözinger, Engel III. Judentum, in: Theologische Realenzyklopädie, Bd. 9, Berlin – New York 1982, 586–596, hier 591f.

[28] Nach dem mythischen Motiv in Gen 6,1–4, das dort jedoch die begrenzte Funktion hat, vor Entstellung des Menschlichen durch Grenzüberschreitung zum Übermenschen hin zu warnen.

bildlichkeit; (3) schließlich die Rebellion Satans (und anderer Engel) gegen Gott, weil er Gott gleich werden wollte, woraufhin er mit seinen Scharen aus dem Himmel gestürzt und auf die Erde verstoßen wurde, wo er sich an den Menschen zu rächen und sie zu Fall bringen versucht. – Im Zusammenhang solcher Ideen wird jetzt, jetzt erstmals (!), die Schlange von Gen 3 mit Satan identifiziert (z. B. Weish 2,24)[29]. –

Diesem Mythos konnten in denselben Schriften weitere Mythen angeschlossen werden: Die Bastarde der Engel erschlagen sich gegenseitig, aus ihren Leichen fahren böse Geister aus, die auf der Erde ihr Unwesen treiben. So konnte für das Volk anschaulich und plausibel erklärt werden, wie das Böse auf die Erde gekommen ist (durch gefallene Engel, durch deren Bastarde, verführende Dämonen, durch von ihnen gelehrte Zauberkünste, nämlich Astrologie, Herstellung von Waffen und Kosmetik, die ausdrücklich genannt werden) und warum dieses Böse im Menschen weiterwirkt. Das Volk gab sich damit meist zufrieden.

Aber es ergeben sich zwei Probleme: (1) Die Übertragung des Motivs vom *Mißbrauch* der – gut geschaffenen – Freiheit von Adam auf die *Engel* bedeutet nur eine Problemverschiebung. Denn hat man die Frage, warum das Böse im Herzen des gut geschaffenen Menschen aufkommen und ihn zu Fall bringen konnte, durch die gefallenen und auf Erden ihr Unwesen treibenden Engel erklärt, so stellt sich erneut die Frage: Warum kommt das Böse in

[29] Die Figur des Satan taucht in der Bibel erst um 500 v. Chr auf (in Sach 3,1f, und zwar in einer ganz positiven Funktion: himmlischer Anwalt des Gottesrechts), sie wird um 400 v. Chr in der Rahmenerzählung des Hiobbuches (1,6–2,7) bereits zu einer schrägen Figur (die Hiobs Glauben böse auf die Probe stellt), wird um 300 v. Chr (in 1 Chr 21,1) der Anstifter zum Bösen, und macht von diesem Augenblick an als – Gott freilich untergeordneter – Gegenspieler Gottes religionsgeschichtliche Karriere. Mit dieser Figur hat die Schlange in Gen 3 (9./8. Jh.) ursprünglich – und auch in der Auslegung jahrhundertelang – nichts zu tun; die Schlange ist vielmehr assoziationsreiches Symbol (des vom Bauern erlebten überraschend Gefährlichen, der Chaosschlange in Ägypten, der das Lebenskraut raubenden Schlange im Gilgamesch-Epos, der orgiastischen Fruchtbarkeitskulte Syrien-Kanaans usw.).

Engeln auf, warum hat Gott sie so geschaffen, daß das geschehen kann? Die Frage nach dem Ursprung des Bösen, die man beantwortet zu haben meinte, kehrt wieder oder wird verschleiernd umgangen. (2) Ein zweites Problem: Die Tendenz zur Personifizierung des Bösen und zu seiner Autonomie gegenüber dem Menschen bedeutet eine Abschiebung der Verantwortlichkeit: Das Böse ist eben mächtiger als wir, wir können im Grunde nichts ändern; die Erbsünde, der Teufel, ist's (später: die Strukturen sind's).

c) Im 20. Jahrhundert haben der englische Schriftsteller Clive Staples Lewis (1898–1963)[30] und der deutsche Philosoph Ludger Oeing-Hanhoff die mythische Vorstellung vom Engelfall mit evolutivem Denken zu verbinden versucht. Beide nehmen die Einwirkung reiner Geister (Engel bzw. Dämonen) auf die Evolution an, die den göttlichen Schöpfungsplan entweder befördern oder durchkreuzen.

Oeing-Hanhoff[31] schreibt u. a., auf ein Kriegserlebnis anspielend: »In dem Haus, in das wir einquartiert wurden, wimmelte es so von Flöhen, daß ich keinen Quadratzentimeter Haut mehr hatte, den sie mit Stichen verschont hätten. Läuse und Flöhe zu erschaffen hätte Gott doch lieber sein lassen sollen, dachte ich; und da fiel mir Goethes ›Faust‹ ein, in dem Mephisto, der Teufel, als ›Herr der Ratten und der Mäuse, der Fliegen, Flöhe, Wanzen, Läuse‹ vorgestellt wird. Sollte der Teufel bei der Erzeugung des Ungeziefers und der Krankheitserreger seine Hand im Spiel haben?« Ausdrücklich weist dann Oeing-Hanhoff, ähnlich wie C. S. Lewis, die Verantwortung für unvollkommene Wege der Evolution, für natürliche Plagegeister, besonders aber für das Leiden von Tieren und von Kindern, die nicht in der Lage sind, ihrem Leiden einen Sinn

[30] C. S. Lewis, Über den Schmerz (1954), Freiburg 1966, 135–145.

[31] L. Oeing-Hanhoff, Das Böse im Weltlauf, in: W. Böhme (Hg.), Das Übel in der Evolution und die Güte Gottes, Karlsruhe 1983, 15. Ähnlich ders., Thesen zum Theodizeeproblem, in W. Oelmüller (Hg.), Leiden, Paderborn 1986, 218–228, bes. 227f., und ders., Negativität und Böses I., in: Christlicher Glaube in moderner Gesellschaft, Bd. 9, Freiburg 1981, 147–175.

zu geben, gefallenen reinen Geistern (bösen Engeln, Dämonen bzw. Satan) zu und erklärt, Gott sei von der Anklage, für die naturbedingten Übel verantwortlich zu sein, wegen Mangels an Beweisen freizusprechen.

Auch die Konzepte von Lewis und Oeing-Hanhoff werden von der bereits erwähnten Kritik getroffen (Problemverlagerung, Abschiebung der moralischen Verantwortung). Darüber hinaus haben sie den Mangel, daß sie alte mythische Texte unkritisch positivistisch und prähermeneutisch lesen und dabei das Böse erneut hypostasieren.[32]

Nur nebenbei sei bemerkt, daß auch die heute vielen plausible Idee des Karma und der Reinkarnation eine an der Wirklichkeit vorbeigehende Problemverlagerung darstellt: Das vom einzelnen Erdenwesen erfahrene Leid sei allein Folge seiner früheren Erdenexistenz, das von Geburt an verkrüppelte oder das nach seiner Geburt mißbrauchte und erwürgte Kind wäre dann selbst schuld an seinem Elend. Hier werden alle physischen, sozialen usw. Ursachenverflechtungen und überindividuelle Schuldverstrickung schlichtweg ignoriert.

4. Kritik an den klassischen theoretischen Theodizee-Versuchen

Die folgende Kritik richtet sich insbesondere gegen die philosophischen Theodizeen, die ordnungstheoretisch demonstrieren wollen, Gott und die Übel (Leiden) widersprächen sich nicht, ließen sich vielmehr vereinbaren, da das Übel (Leid) noch einmal in einem höheren, einsichtig zu machenden Sinnzusammenhang stehe[33].

a) Der Optimismus vom Schlage eines Leibniz (1646–1716) und noch des frühen Voltaire (1694–1778) zerbrach

[32] Dazu C. F. Geyer, Der Böse oder das Böse? Die Theodizee-Frage, in: F. Hermanni – V. Stenblock (Hg.), Philosophische Orientierung, München 1995, 267–280; ferner A. Kreiner, Gott im Leid (s. o. II Anm. 3), 382ff.

[33] Zum Sinnbegriff vgl. oben I Anm. 12.

1755 im Schock des Erdbebens von Lissabon mit seinen 30 000 Toten. Durch ein Naturübel kam hier eine Erfahrung ungerechten, maßlosen Leides zum Durchbruch, welche jede Funktionalisierung des Übels für das Gute und für einen übergeordneten Sinn als hohle Phrase erscheinen ließ. Viele begannen nicht nur am Sinn des Leidens, sondern am Sinn der Schöpfung überhaupt zu zweifeln.

Schon im folgenden Jahr (1756) erschien Voltaires »Gedicht über das Unglück von Lissabon oder Prüfung des Axioms: Alles ist gut«. Darin heißt es: »Ihr schreit: Alles ist gut, mit einer jämmerlichen Stimme; das Universum straft euch Lügen, und euer eigenes Herz hat den Irrtum eures Geistes hundertmal widerlegt. ... Eines Tages wird alles gut sein: das ist unsere Hoffnung. Heute ist alles gut: das ist die Illusion.« Die hier noch anklingende Hoffnung wird Voltaire bald fahrenlassen. Vier Jahre später (1759) gießt er in seinem Roman »Candide oder der Optimismus« über allen Optimismus seinen Spott aus und läßt der Resignation das Feld: »Arbeiten wir ohne nachzudenken: dies ist das einzige Mittel, um das Leben erträglich zu machen«. (Wenn man ›arbeiten‹ um ›konsumieren und erleben‹ erweitert, ist man bei heute aktuellen Stimmungslagen.)

b) Voltaires Kritik an den Theodizeen blieb an der Oberfläche. Immanuel Kant (1724–1804) ging tiefer. In seiner Schrift »Über das *Mißlingen aller philosophischen Versuche in der Theodicee*« (1791)[34] hat er das notwendige Scheitern aller philosophischen Theodizee aufgezeigt. Dort heißt es: »Unter einer Theodizee versteht man die Verteidigung der höchsten Weisheit des Welturhebers gegen die Anklage, welche die Vernunft aus dem Zweck-

[34] I. Kant, Über das Mißlingen aller philosophischen Versuche in der Theodicee (Königsberg 1791), in: Werke in 10 Bänden, hg. v. W. Weischedel, Darmstadt 1968, Bd. 9, 105–124. – Vgl. hierzu H. M. Baumgartner, Um diesen Prozeß für immer zu endigen. Bemerkungen zum Problem der Theodizee, in: F. Hermanni – V. Stenblock (Hg.), Philosophische Orientierung, München 1995, 241–247.

widrigen in der Welt gegen jene (Weisheit des Welturhebers) erhebt.« Und genau das ist »die Sache unserer anmaßenden, hiebei aber ihre Schranken verkennenden, Vernunft« (A 194f.). »Der Ausgang dieses Rechtshandels vor dem Gerichtshofe der Philosophie ist nun: daß alle bisherige Theodizee das nicht leiste, was sie verspricht«, und auch in Zukunft prinzipiell keine tüchtigere Theodizee zu erwarten sei, weil nämlich gezeigt werden kann, »daß unsere Vernunft zur Einsicht des Verhältnisses, in welchem eine Welt, so wie wir sie durch Erfahrung immer kennen mögen, zu der höchsten Weisheit stehe, schlechterdings unvermögend sei« (A 209f.). Deswegen gelte es diesen von einer hybriden Vernunft betriebenen, aber gescheiterten Prozeß einer »vernünftelnden« oder »doktrinalen Theodizee« »für immer zu endigen« (A 211f.).

Kant selbst läßt nur gelten, was er eine »authentische Theodizee« nennt: den Spruch der praktischen Vernunft, »wodurch wir uns den Begriff von Gott als einem moralischen und weisen Wesen notwendig und vor aller Erfahrung machen« (A 212). Dies findet er im Buche Hiob »allegorisch ausgedrückt«: Hiobs »Redlichkeit, seine Zweifel unverhohlen zu gestehen«, sein Eingeständnis, unweise über Dinge gesprochen zu haben, »die ihm zu hoch sind, und die er nicht versteht« (vgl. Hi 42,3), und sein trotzdem »guter Lebenswandel« (seine Moralität) stehen für eine *negative Weisheit* bezüglich des Wissens von Gott und für die Aussagen unserer *»praktischen* Vernunft«, die »als die unmittelbare Erklärung und Stimme Gottes angesehen werden kann, durch die er dem Buchstaben seiner Schöpfung einen Sinn gibt« (A 213–217). – Im übrigen bietet Kant in seiner Lehre vom radikal Bösen eine Transformation des Erbsündentheorems unter Preisgabe der augustinischen Vererbungsthese.[35]

c) Die traditionellen »Theodizeen« haben das Übel und Böse entweder als notwendiges Moment in einen umfassenden Sinnzusammenhang eingespannt und damit zum

[35] Dazu C. Schulte, Radikal Böse. Die Karriere des Bösen von Kant bis Nietzsche, München 1988, 100f.

Werkzeug des Guten gemacht, so daß es eigentlich gar kein Übel/Böses mehr ist, oder sie haben es zur bloßen Privation und damit zu etwas erklärt, was es eigentlich gar nicht gibt, oder sie haben es auf das moralische Übel, auf die Schuld des mit freiem Willen begabten Menschen, reduziert. Alle diese Deutungen werden dem Phänomen des Übels, des Bösen und des Leids in der Welt letztlich nicht gerecht.

Theoretische »Rechtfertigungen Gottes« tendieren zur *Rechtfertigung der bestehenden Leid- und Unrechtsverhältnisse*, da sie diese mit dem Gedanken eines (was für eines?) Gottes in *Einklang* zu bringen versuchen und auf diese Weise stabilisieren. Alles hat dann so, wie es ist und läuft, im Prinzip seine Richtigkeit. Man will die Widersprüche zwischen der Existenz von Qualen in der Schöpfung einerseits und der Existenz eines zugleich guten und allmächtigen Schöpfergottes andererseits vernünftelnd-spekulativ (weg-)erklären, um so in einem umfassenden Gesamtsystem der Vernunft den Gottesglauben mit einer leidvollen Welt rational zusammendenken zu können. Solche harmonisierende Verabredung mit einem allmächtigen Gott hinter dem Rücken der unschuldig leidenden Kreaturen führt einerseits zur beschwichtigend-zynischen Verharmlosung konkreten Leidens, andererseits zu grotesken Vorstellungen von Gott, der günstigstenfalls zum wenig fürsorglichen Vater, schlechtestenfalls zum sadistischen Monster degeneriert.

Dagegen erhebt sich nun die Empörung, in Worte gefaßt zunächst vor allem von einfühlsamen Dichtern. (Schon der biblische Hiob hatte freilich klar gemacht, daß die Frage nach dem Warum des Leidens zutiefst existentiell gemeint ist, eine theoretische, Allgemeingültigkeit suggerierende Antwort sie deshalb gar nicht lösen kann.)

III. Moderne Problemverschärfung: Das Leiden der Kreatur – Argument gegen die Existenz Gottes?

1. Protest-Atheismus, praktische Anthropodizee ohne Gott und das theoretisch unentscheidbare Grundproblem

a) Vierzig Jahre nach Kants Kritik ist dann, in einem Klima der Gewalt von oben und der Revolution von unten, bei dem jungen – wenig später mit 23 Jahren vom Typhus dahingerafften – Georg Büchner (1813–1837) die von Kant bewußt offengehaltene Frage und *Spannung einseitig aufgelöst in einen Protest-Atheismus.* In Büchners Drama »Dantons Tod« heißt es: »Es gibt keinen Gott ... Schafft das Unvollkommene weg, dann allein könnt ihr Gott demonstrieren; Spinoza hat es versucht. Man kann das Böse leugnen, aber nicht den Schmerz; nur der Verstand kann Gott beweisen, das Gefühl empört sich dagegen. Merke dir es, Anaxagoras: warum leide ich? Das ist der Fels des Atheismus. Das leiseste Zucken des Schmerzes, und rege es sich nur in einem Atom, macht einen Riß in der Schöpfung von oben bis unten.«

Dieser – hier mit seismographischer Sensibilität empfundene – Riß macht es vielen fortan unmöglich, im Weltgeschehen das Walten eines guten Schöpfers zu erkennen. Den Pantheismus Spinozas aber, der »Gott in allem« sieht, macht Büchner mit der Bemerkung lächerlich, »daß es gerade nicht viel um die himmlische Majestät ist, wenn der liebe Herrgott in jedem von uns Zahnweh kriegen, den Tripper haben, lebendig begraben werden oder wenigstens die sehr unangenehme Vorstellung davon haben kann«.[1] Im Novellenfragment »Lenz« rebelliert der wahnsinns-

[1] Beide Zitate aus G. Büchner, Dantons Tod: 3. Akt, 1. Szene; siehe G. Büchner, Sämtliche Werke, Gütersloh 1963, 81 und 80.

kranke Lenz gegen Gott, weil dieser ein unschuldiges Kind sterben läßt; er schaut (gegen Ende) den Pfarrer Oberlin »mit einem Ausdruck unendlichen Leidens an und sagt(e) endlich: ›Aber ich, wär ich allmächtig, sehen Sie, wenn ich so wäre, ich könnte das Leiden nicht ertragen, ich würde retten, retten‹.«[2]

Es ist auffällig, wie sehr Büchners Protest gegen das Leid und gegen den vom Leid unberührten Gott der Metaphysik sich aus biblischen Haltungen speist und in biblischen Worten artikuliert. Der Gott der Metaphysik stirbt daran, daß er nicht hilft; ein moralischer Gott müßte einschreiten und helfen. Das Leiden der unschuldigen Kreatur ist zum moralischen Argument gegen die Existenz Gottes geworden, am schärfsten formuliert im oft zitierten Diktum des nach eigener Aussage moralfreien »Egoisten« Stendhal (1783–1842): »Die einzige Entschuldigung für Gott besteht darin, daß er nicht existiert.«

Daß das Leiden der Fels des Atheismus sei, stimmte indes nur dann, wenn die Frage »warum leide ich?« keine andere – gleich starke oder gar stärkere – Antwort als den Atheismus zuließe. Kann nicht das Festhalten an Gott im Aushalten der Spannungen, in Frage, Klage, Protest und solidarischer Praxis eine zutiefst redliche und starke Antwort sein?[3] Außerdem beantwortet die Leugnung Gottes ja nicht die Frage, warum es so unsägliches Leid in der Welt gibt, und sie behebt das Leid auch nicht. Anders als Büchner hat, wie wir sahen, Heinrich Heine in seinen Schmerzen an Gott festgehalten und ihn bis zuletzt mit Lästerungen und Warum-Fragen bestürmt.

[2] Ebd. 135.

[3] Eine andere Antwort gab auch eine sehr ernsthafte Frau, die mir erzählte, sie sei mehr als 10 Jahre lang in Indien gewesen, auf der Suche nach dem Sinn des Lebens. Sie habe alle indischen Sinnangebote durchprobiert, den Sinn aber nicht gefunden. Schließlich habe sie gedacht: Vielleicht ist es das tibetische Totenbuch. Sie habe sich also einer Karawane durch den Himalaya angeschlossen. Mit dieser Karawane, von dieser Karawane, habe sie Schlimmes erfahren müssen. Und da, mitten in ihrem Leiden, habe sie etwas entdeckt, was Indien ihr nicht zeigen konnte: daß Leiden Ort von Gotteserfahrung sein könne, Ort der Erfahrung göttlicher Nähe. So habe sie ihr Christentum wiederentdeckt. (Vgl. im übrigen unten in V.2.)

b) Neuzeitlicher Atheismus verwandelt das Theodizeeproblem in *praktische Anthropodizee ohne Gott*. Angesichts der irdischen Übel will er den Menschen (statt Gott) in sein Recht einsetzen – durch Destruktion des projizierten Himmels und Etablierung des Diesseits, d. h. durch Aufdeckung der realen Ursachen der Leiden und deren Abschaffung aus eigener Kraft. So liegt nun, da Gott als bloßer Schein entlarvt scheint, alle Verantwortung auf dem Menschen allein. Angesichts des Leids in der Welt wird er selbst zum Angeklagten und zum Ankläger: Rechtfertigung des Menschen, Anthropo-dizee, wird nötig.

Doch schon in Büchners »Leonce und Lena« artikuliert Lena das Erschrecken nach dem Verlust Gottes, den »Leere-Schrecken« (Martin Walser), mit den paradoxen Worten: »Mein Gott, mein Gott, ist es denn wahr, daß wir uns selbst erlösen müssen mit unserem Schmerz?«[4] Das Jenseits scheint destruiert, doch die Leiden des Diesseits sind geblieben, ja, die Leiden von Menschen und von Tieren (Massenmorde, Massentierquälerei usw.) scheinen sich verschärft zu haben. Wer soll nun die Verantwortung für all diese Leiden übernehmen? Die Natur-Evolution? Der Mensch? Da der überfordert ist, entwickelt er Entschuldigungsmechanismen und Schuldzuweisungen an die jeweils anderen. Auch greift Verdrängung fremden und eigenen Leids (mit Verlust an Lebens- und Liebesintensität als Folge) und Vergessen der Vergangenen um sich. Was ist mit den nicht wiedergutgemachten Leiden der Vergangenen, was mit dem von uns nicht wiedergutmachbaren Unrecht an den jetzt Toten? Heutige und künftige soziale humane Praxis erreicht *sie* nicht mehr. Und was ist mit den Nachkommenden, denen der um sich greifende asoziale Lebensstil gerade Leid-Hypotheken wie nie zuvor auflädt?

Die praktische Anthropodizee ohne Gott scheitert und endet als Anklage gegen den Menschen: Homo homini lupus, der Mensch dem Menschen (und anderen Lebewesen) ein Wolf! Die alte Frage kehrt wieder: Warum ist der Mensch und die Welt so? Muß das im Prinzip so sein, oder

[4] G. Büchner, Leonce und Lena I 4; in: Sämtliche Werke, 154.

hätte die Welt auch anders eingerichtet sein können? Und wie soll je aus der schlechten Gegenwart das Bessere, gar Erlösung und Versöhnung der Entzweiten hervorgehen? Wie das richtige Leben möglich sein im falschen? Die Frage Epikurs bedarf also der Erweiterung nach der andern Seite hin: »Wenn Gott ist, woher dann das Übel? *Wenn er nicht ist, woher dann das Gute?*« So der wegen seines Eintretens für einen angeklagten Freund eingekerkerte – und später hingerichtete – Boethius (480–524) 524 in seiner Schrift »Über den Trost der Philosophie«[5]. Der französische Politiker und Schriftsteller André Malraux (1901–1976) verdeutlicht: »Wie es wahr ist, daß für einen religiösen Menschen die Lager wie der Martertod eines unschuldigen Kindes aus der Hand eines Unholds das oberste der Rätsel aufgeben, so ist auch wahr, daß für einen Agnostiker mit der ersten Tat des Erbarmens ... oder der Liebe dasselbe Rätsel aus der Tiefe steigt.«[6] Zehrt nicht alles tätige Erbarmen, alle praktische Liebe, von einem Urgrund, den sie – und sei's ohne es zu bemerken – voraussetzen muß? Da aber alle humane, solidarische Praxis immer defizitär – und vergänglich – bleibt, ist die Theodizeefrage mit ihr gerade nicht erledigt.

c) Der Mathematiker, Physiker und Philosoph Blaise Pascal (1623–1662) hat – nach seiner Bekehrungserfahrung und Entscheidung für Gott – den Freigeistern gegenüber das *theoretisch unentscheidbare* Grundproblem folgendermaßen beschrieben: »Die Natur bietet mir nichts, das nicht Anlaß zu Zweifeln und Beunruhigung wäre. Wenn ich nichts in ihr sähe, das auf einen Gott hinweist, würde ich mich für eine Leugnung (Gottes) entscheiden. Wenn ich überall nur die Spuren des Schöpfers sähe, würde ich freudig im Glauben ruhen. Da ich aber zu viel sehe, um zu leugnen, und zu wenig, um sicher zu sein, bin ich in einem beklagenswerten Zustand, und hundertmal wünschte ich, daß, wenn ein Gott die Natur erhält, sie es unzweideutig

[5] Boethius, De consolatione philosophiae I 4.

[6] A. Malraux, Anti-Memoiren, Frankfurt a. M. 1967, 524f.

zeigen möge, oder daß, wenn die Zeichen, die sie von ihm gibt, Trug sind, sie diese völlig vernichten möge.«[7]

Das ist in der Tat die Situation vieler – suchender, glauben wollender – Menschen heute. Pascal meinte, daß diese theoretische Unentscheidbarkeit nur durch eine existentielle Entscheidung, durch eine Lebens-Option (oder Lebens-»Wette« mit Einsatz des eigenen Lebens), aufgelöst werden könne. Er selbst hatte, bewegt durch eine ihn erschütternde Gotteserfahrung und orientiert an Jesus von Nazareth, auf den Gott Jesu und Abrahams gesetzt.

2. Ablehnung der zu teuer erkauften Harmonie und die Frage nach der Möglichkeit von Versöhnung und von solidarischer Ethik

Wie sehr die Theodizeefrage von geschichtlich sich wandelnden Bedingungen abhängt, zeigt sich auch daran, daß seit dem ausgehenden 19. Jahrhundert das *Leiden eines einzigen unschuldigen Kindes* zur Anklage gegen die Schöpfung insgesamt führen kann. Erst jetzt kann das einzelne leidende Kind zum Grund des Aufschreis werden, während zuvor, da die Kindersterblichkeit in den ersten Lebensjahren bis zu 40% betrug, der Tod eines Kindes bei einer hohen Geburtenquote als der von vornherein einkalkulierte Regelfall galt[8], mit relativer Gefaßtheit erlebt wurde und nicht zur Revolte gegen die ganze Schöpfung führte, zumal ja noch genug andere Kinder darauf warteten, versorgt zu werden, so daß ein konsequentes Nein zur gesamten Schöpfung auch den Überlebenden die Basis entzogen hätte. Ob angesichts der empirischen Leiden die Theodizeefrage laut wird, hängt also auch von den gesellschaftlichen Bedingungen ab und – von der subjektiven Sensibilität des sittlichen Bewußtseins.[9]

[7] B. Pascal, Über die Religion und über einige andere Gegenstände (Pensées; 1654ff.), übers. von E. Wasmuth, Heidelberg 1963, Fragment 229; vgl. ferner die Fragmente 242f.; 430; 441; 556f.; 580.

[8] Dazu Philippe Ariès, Geschichte der Kindheit, Paris 1960.

[9] Dies arbeitet gut heraus G. Neuhaus, Theodizee und Glaubensgeschichte. Zur Kontingenz einer Fragestellung, in: H. Wagner (Hg.), Mit Gott

a) In Fjodor Dostojewskijs (1821–1881) großem Roman »Die Brüder Karamasow« gibt es ein »Empörung« überschriebenes Kapitel (5,4), in dem Iwan Karamasow seinem geistlichen Bruder Aljoscha furchtbare Ereignisse der damaligen Zeit vorhält, darunter den Bericht über den kleinen Jungen einer russischen Leibeigenen, der einen der Bluthunde des Großgrundbesitzers mit einem Stein getroffen hatte, woraufhin der brutale Großgrundbesitzer vor den Augen der Mutter das Kind zum Auskleiden und Losrennen zwingt, um seine Bluthunde auf es zu hetzen, die es fürchterlich zu Tode zerfleischen.

Für Iwan Karamasow werden die Tränen eines einzigen unschuldigen Kindes zur »Erschütterung des Weltalls«. Iwan leugnet Gott nicht, aber er *weigert sich*, das Leiden *zu begreifen und* »die Tränchen, sei es auch nur eines einzigen gemarterten Kindchens«, *hinzunehmen* um einer künftigen »ewigen Harmonie« willen; diese wäre zu teuer erkauft. »Ich will gar keine Harmonie, aus Liebe zur Menschheit will ich sie nicht. Ich will lieber verharren bei ungesühntem Leiden!« Die Mutter des gemarterten Kindchens darf dem Täter nicht einfach vergeben, und Gott darf es auch nicht, denn beides hieße, das Opfer nochmals zum Opfer zu machen, wenn die Versöhnung und Harmonie über seinen Kopf hinweg, *ohne* seine freie Zustimmung, verwirklicht würde. Sein in Ewigkeit *un*gesühntes (weder irgendwie gutgemachtes noch von ihm selbst akzeptiertes) Leid wäre dann der Preis dafür, daß Gott auf die schließliche All-Versöhnung und ewige Harmonie nicht verzichten wollte. Aber auch eine Hölle für den Täter wäre keine Lösung: Die bloße Vergeltung und Rache für die Leiden des Kindes würde dem Kind keine wirkliche Wiedergutmachung bringen und im übrigen die Versöhnung gerade vereiteln.

Iwans Fragen haben nochmals eine äußerste Verschärfung erfahren durch das Ungeheuerliche, das in »Auschwitz«

streiten. Neue Zugänge zum Theodizee-Problem, Freiburg 1998, 11–47. Vgl. zum Folgenden auch G. Neuhaus, Theodizee – Abbruch oder Anstoß des Glaubens? Eine Annäherung von ausgewählten Beispielen der Literatur her, in: J. B. Metz (Hg.), ›Landschaft aus Schreien‹ (s.o. I Anm. 10), 9–55.

geschehen ist. So notiert Harry Mulisch in seinem Roman »Die Entdeckung des Himmels«[10]: »Alles war offenbar bis in alle Ewigkeit verpfuscht.« Ein Genuß himmlischer Seligkeit sei überhaupt nur noch bei einem »verbrecherischen Gedächtnisschwund« möglich. Wer noch an Gott glaube, »sollte vor Gericht gestellt werden – an die schwarz geteerte Hinrichtungswand neben Block 11« von Auschwitz. Eine unerbittliche Schlußfolgerung. Aber ist sie konsequent? Oder vielleicht doch sehr kurzschlüssig?

Was wäre denn, wenn kein Gott ist, wenn kein Gott schließlich mehr versöhnt, wenn keinem Gott mehr zuzutrauen wäre, daß er eine Verwandlung – der Opfer *und* der Täter – herbeiführt, die es auch den Opfern möglich macht, ihren (gewandelten) Tätern zu vergeben? Denn die Opfer müßten in der Lage sein können, ihren Tätern frei zu vergeben (und sie so aus dem Gefangensein im eigenen Unrecht zu entlassen, statt sie auf ihr begangenes Unrecht für immer festzunageln).[11] Wenn aber solche Verwandlung der Täter und der Opfer nicht möglich wäre, dann wäre zwingend zu folgern, daß in der Tat alles bis in alle Ewigkeit verpfuscht ist, weil dann alles eines Tages unwiderruflich, als im letzten unerledigt und sinnlos, beiseite gelegt sein wird.

Können wir Menschen, wenn wir das Schlimme nicht verdrängen und die Konsequenz des angedeuteten Gedankens nicht abbiegen, überhaupt redlich leben – und solidarisch leben –, ohne die bange Frage offenzuhalten, *ob ein Gott ist, dem solche Versöhnung noch zuzutrauen ist*?[12] Muß der Mensch, der sich weigert, das Gedächtnis an die toten Opfer einfach auszulöschen, der vielmehr die Forderung nach Gerechtigkeit aufrechterhält, ohne die Annahme einer übermenschlichen, rettenden Instanz

[10] H. Mulisch, Die Entdeckung des Himmels, München – Wien 1993, 128.

[11] In diesem Sinne M. Striet, Versuch über die Auflehnung. Philosophisch-theologische Überlegungen zur Theodizeefrage, in: H. Wagner (Hg.), Mit Gott streiten. Neue Zugänge zum Theodizee-Problem, Freiburg 1998, 48–89, hier 68–71.

[12] So mit Recht und guter Begründung Th. Pröpper, Fragende und Gefragte zugleich. Notizen zur Theodizee, in: T. R. Peters u. a. (Hg.), Erinnern und Erkennen, Düsseldorf 1993, 61–72, hier 71.

nicht strenggenommen in Verzweiflung verfallen und, wenn Verzweiflung nicht tötet, in untröstliche Trauer?[13] Stellt sich hier nicht unabweisbar die Frage nach einer absoluten, unbedingt rettenden Wirklichkeit?[14]

Der Streit darüber, ob »die Hoffnung der Elenden ewig verloren ist« oder nicht (Ps 9,19), ist ein Streit um Gott, ein Streit um die Wirklichkeit Gottes. Vermögen wir an einen Gott zu glauben, der so anders ist als alles, was diese Welt zu bieten hat, und der zugleich so wirklich (wirkmächtig) ist, daß er diese Rettung, Verwandlung, Gutmachung und Versöhnung herbeiführen kann? Ein solcher Gott müßte selber die leidensbereite und zugleich allmächtige Liebe sein (s. u. V.).

b) Während das Leid des von Hunden des Großgrundbesitzers zu Tode gehetzten und zerfleischten Kindes bei Dostojewskij noch die Antwort erlaubt, hier sei primär nicht Gott, sondern der Mensch im perversen Gebrauch seiner Freiheit verantwortlich zu machen, geht das Kind in Albert Camus' (1913–1960) 1947 erschienenem Roman »Die Pest« nicht an den Folgen menschlichen Freiheitsmißbrauchs zugrunde, sondern an der Pest, an dem in die Schöpfung eingebauten *Natur-Übel.* Daß die Welt, die *Natur* gut sei, wird zweifelhaft, ja unglaubhaft: Warum ist sie so grausam eingerichtet?

Die Theodizeefrage erfährt so eine nochmalige Verschärfung. Und die menschliche Freiheit kommt in ihrer ganzen Ohnmacht und ihrem Scheitern in den Blick, aus dem sie sich bei Camus in einem absurden ethischen Dennoch immer wieder erhebt: »Da die Weltordnung durch den Tod bestimmt ist, ist es vielleicht besser für Gott,

[13] Diese Konsequenz und Alternative hat überzeugend H. Peukert, Wissenschaftstheorie, Handlungstheorie, Fundamentale Theologie (s. o. I Anm. 5), herausgearbeitet: vgl. bes. ebd. 282; dazu auch H. Kessler, Sucht den Lebenden nicht bei den Toten. Die Auferstehung Jesu Christi in biblischer, fundamentaltheologischer und systematischer Sicht, Düsseldorf 1985 (erweiterte Neuausgabe Würzburg 1995), 38.

[14] M. Striet, Versuch über die Auflehnung (s. o. III Anm. 11), bes. 64–73, zeigt schlüssig auf, daß wir als endliche Freiheit hier in eine Antinomie geraten, die den Gottesgedanken unausweichlich macht.

wenn man nicht an ihn glaubt und dafür mit aller Kraft gegen den Tod ankämpft, ohne die Augen zu dem Himmel zu erheben, wo er schweigt.«[15] Der Pest-Arzt Dr. Rieux weigert sich »bis in den Tod hinein, die Schöpfung zu lieben, in der Kinder gemartert werden«[16].

Freilich muß nun bei dem bis ins Letzte ehrlichen Camus gerade dieser Dr. Rieux zweierlei Erfahrungen machen, mit denen er nicht fertig wird: (1) Die Erfahrung, daß es eine Grenze gibt, wo der Anblick des Leidens schlicht nicht mehr zu ertragen ist; als nämlich der Todeskampf des vergeblich gegen die Pest ankämpfenden Kindes kein Ende nehmen will, hält er es nicht mehr aus: »Ich muß fort ... Ich kann es nicht mehr ertragen«[17]. (2) Schlimmer noch, er muß an sich selbst und an seinen Freunden beobachten, daß, je mehr Pesttod und Mord massenhaft und zum Normalfall werden, um so mehr die sittliche Auflehnung gegen den Pesttod der Gewöhnung verfällt und einer wachsenden Gleichgültigkeit weicht: »Wer den Krieg mitgemacht hat, weiß kaum noch, was ein Toter ist«[18]. Auch der mit aller Kraft gegen Krankheit und Tod ankämpfende Dr. Rieux resigniert zuletzt. Gibt es überhaupt etwas, das die Abstumpfung und Resignation aufhalten kann, das die moralische Auflehnung in mir selbst aufrecht erhalten kann? Braucht es dazu nicht das – vielleicht unbewußte – *Vertrauen* auf das Gute (auf eine gute Macht), oder wenigstens das bange *hoffende Fragen* nach einer Wirklichkeit (Gott), die *gegen* Unrecht und Töten steht und bestehen kann?

Der Mensch, der das Absurde, das Sinnlose, erleidet, kann seine eigene Identität als moralisch sich empörendes und sich engagierendes Wesen letztlich nur aufrecht erhalten, wenn er sich der *Möglichkeit* jenes anderen öffnet, dessen Wirklichkeit – philosophisch gesehen – gleichwohl strittig bleibt.[19]

[15] A. Camus, Die Pest (1947), Reinbek bei Hamburg 1995, 104.
[16] Ebd. 177. [17] Ebd. 175. [18] Ebd. 33.
[19] Dazu G. Neuhaus, Theodizee – Abbruch oder Anstoß des Glaubens? (s. o. III Anm. 9), 33–55.

Woher bezieht denn Dr. Rieux (oder Sisyphos in Camus' »Mythos des Sisyphos«) seine Kraft, um gegen Elend, Leiden und Tod dieser Welt anzukämpfen, wenn er doch selber Teil eben dieser empirischen Welt ist, der sein Veto und Widerspruch gilt? Könnte es nicht sein, daß Camus' Ethik des Unbedingten im Horizont der Absurdität noch von einer Geschichte zehrt, in der die Hoffnung lebendig war, die Hoffnung auf einen Sinn, der über die Endlichkeit menschlichen Daseins hinausreicht und der auch noch für die Erschlagenen gilt?[20]

Camus' Vortrag vor Christen 1948 scheint diese Vermutung zu bestätigen. Dort sagte er: »Wir können vielleicht nicht verhindern, daß in dieser Schöpfung Kinder gemartert werden. Aber wir können die Zahl der gemarterten Kinder verringern. Und wenn Sie uns dabei nicht helfen, wer wird uns dann wohl noch auf dieser Welt helfen können?« »Die heutige Welt verlangt von den Christen, daß sie Christen bleiben. ... Ich teile mit Ihnen das Grauen vor dem Bösen. Aber Ihre Hoffnung teile ich nicht und werde nie aufhören, gegen diese Welt zu kämpfen, in der Kinder leiden und sterben.«[21]

Camus wäre zurückzufragen: Kann man gegen Verhältnisse, in denen Kinder leiden und sterben, wirklich kämpfen und nicht resigniert aufgeben, ohne ein letztes Setzen auf das Gute und ohne einen Funken Hoffnung? Könnte es nicht sein, daß, *wenn solche Hoffnung und Sinn-Option vollends schwindet, auch das Bewußtsein der Moralität und der Freiheit überhaupt verlorengeht*, daß man sich dann mit den Banalitäten des alltäglichen Erlebens und mit der wachsenden Teilnahmslosigkeit abfindet, gegen Leiden und Unrecht sich nicht mehr auflehnt, es vielmehr bloß noch *hin*nimmt, anstatt es zu bekämpfen oder – wo es über unsere Kräfte geht – es *an*zunehmen?

[20] So etwa fragt M. Striet, Versuch über die Auflehnung (s. o. III Anm. 11), 85.

[21] A. Camus, Der Ungläubige und die Christen (1948), in: ders., Fragen der Zeit, Reinbek bei Hamburg 1960, 72–78, hier 77 und 74.

3. Zerstörung und Qualen in der Natur: Infragestellung der Schöpfung und des Schöpfers?

Keine Frage: Was das Leid der Tiere betrifft, so werden die schlimmsten Exzesse nicht durch die Natur, sondern durch Menschen verursacht. Was tagtäglich an Tierquälerei (durch Legebatterien, Mastbetriebe, Viehtransporte, Laborversuche für Kosmetikzwecke usw.) in dieser Welt passiert, ist für den, der nicht jegliche Sensibilität verloren oder sie dem Gewinnstreben geopfert hat, erschreckend und schreit förmlich nach Abänderung, auch durch Änderung des eigenen Konsumverhaltens. Aber »die Natur stöhnt auch unter der Last ihrer eigenen Gesetze«, schreibt der Biologe Stefan D. Peters. Und er fährt fort: »Hierin scheint mir für die Theodizee das viel schwierigere Problem zu liegen.«[22]

a) Es geht nicht mehr nur um das Natur-Gesetz des Fressens und Gefressenwerdens, des Stirb und Werde, nicht mehr nur darum, daß das Schwächere dem Stärkeren unterliegt, das Überwundene vom Siegreichen aufgezehrt wird: »Das ist nun einmal die Ordnung des Vergänglichen«, hatte Augustinus mit einiger Trauer gesagt, während Leibniz darin eine tiefe Zweckmäßigkeit gesehen hatte. Mancher, den diese Gesetzlichkeit dennoch verstört, sucht sich mit dem Gedanken zu trösten, daß Tiere ihre Beute wenigstens rasch und schmerzlos sterben lassen und, anders als der Mensch, wenigstens innerhalb ihrer eigenen Art nicht töten. Doch dieser Traum vom gutmütigen Tier und von der sanften Mutter Natur hat sich als Illusion erwiesen. Vielfältige Beobachtungen veranlassen uns, bewußter wahrzunehmen, daß auch Tiere – und zwar sowohl im Jäger-Beute-Verhältnis wie innerhalb ihrer Art – anderen Tieren, wie deren Streßsymptome und oft ver-

[22] S. D. Peters, Biologische Anmerkungen zur Frage nach dem Sinn des Leidens in der Natur, in: H. Kessler (Hg.), Leben durch Zerstörung? Über das Leiden in der Schöpfung. Ein Gespräch der Wissenschaften, Würzburg 2000, Einleitung. Zum Folgenden vgl. seinen Beitrag.

zweifelte Schreie zeigen, gnadenlose Pein zufügen und ein qualvolles Ende bereiten können.

Auch wenn Soziobiologen erklären, solches Verhalten habe stets eine biologische Funktion und sei insofern zweckmäßig,[23] bleibt die Verstörung und die ratlose Frage, welchen Sinn solches Leid haben soll[24]. Die Verstörung kann noch wachsen, wenn wir erfahren, daß bei 2–4 Prozent der neugeborenen Menschenkinder angeborene Auffälligkeiten, teilweise bis hin zu schweren Fehlbildungen, auftreten, darunter auch zunächst nicht bemerkbare erbliche Enzymdefekte, die im Lauf des Lebens zur Zerstörung lebenswichtiger Organe führen[25]; derart schwere Fehlbildungen bereiten den Betroffenen und oft mehr noch den Eltern und Familienangehörigen bedrückend großes Leid.

b) Die Tatsachen sind unbezweifelbar. Die rein biologischen Deutungen, die auf evolutive Unvermeidlichkeit und biologische Funktionalität verweisen: So zutreffend sie sind, sie befriedigen uns Menschen nicht, weil wir zum einen existentiell gegen Qual, Leid, Zerstörung aufbegehren und anzugehen versuchen, weil wir zum andern über die reine Funktionalität hinaus nach Sinn und Bedeutung für uns und damit nach eventueller Bejahbarkeit fragen, bei nicht erkennbarem Sinn aber in untröstliche Trauer fallen können.

Einen Reinhold Schneider (1903–1958), der im Laufe seines von Krankheit gezeichneten Lebens zum entschiedenen, aber gegen das geläufige Christentum rebellierenden Christen geworden war, stürzte das freundlich-grau-

[23] So erklärte mir etwa der Soziobiologe Volker Sommer auf die Frage, warum z. B. Seelöwen nicht nur Seehunde töten, die sie zur Nahrung brauchen, sondern auch darüber hinaus viele weitere töten und von sich schleudern, wie in einer Art Gewalt- und Tötungsrausch: Das habe vermutlich den Zweck, den eigenen Nachwuchs das Töten zum Nahrungserwerb zu lehren.

[24] So stellt mit Recht S. D. Peters in seinem genannten Beitrag fest.

[25] Vgl. hierüber die Humangenetikerin U. Theile, Destruktivität bei angeborenen Fehlbildungen, in: H. Kessler (Hg.), Leben durch Zerstörung? (s. o. III Anm. 22).

sige Doppelantlitz der Natur in tiefe Zweifel an Gott und an seiner Schöpfung. Diese Zweifel, die er früher nur seinem Tagebuch (1930–35) anvertraut hatte, äußerte er nach 1945, vor allem aber in seinem letzten Buch »Winter in Wien« (1958), ganz offen. Er beschreibt besonders eklatante Fälle von Grausamkeit und Gnadenlosigkeit in der Natur und notiert: »Man gehe nur einmal durch das Naturhistorische Museum – und Gott ist ebenso nahe wie fern. Es ist unmöglich, ihn vor dieser unübersehbaren Gestaltenwelt, dieser entsetzlichen Fülle der Erfindungen zu leugnen... Der schönste Vogel hascht im Fluge den schönsten Schmetterling; er pflückt die Schwingen ab und läßt sie dahinwehen und verschlingt den zarten Leib, der sich für seine kurze Dauer mit ein wenig Nektar begnügte und schutzlos das Farbenspiel der Flügel, ein Blitz aus den Händen des Vaters, an die Welt verschenkte. ... Und das Antlitz des Vaters? Das ist ganz unfaßbar.«[26] »Die Bewunderung der Zweckmäßigkeit, mit der ein Tier zur Vernichtung des anderen ausgestattet ist, ... grenzt an Verzweiflung«, schreibt er[27] und fügt hinzu: »Das Leben ist bereit, einen jeden seiner Werte der Sinnlosigkeit in den aufgesperrten Rachen zu werfen. ... Man muß aus diesen rotierenden Höllen aufblicken zum Vater der Liebe – und – wer schlägt nicht die Hände vors Gesicht?« Für Reinhold Schneider versinkt nicht nur die von Menschen gestaltete Geschichte, sondern der gesamte Kosmos in tragische Finsternis, in der er sich allein fühlt »mit dem Schmerz um die Kreatur und den verborgenen Gott«, verlassen, wie »Christus verlassen worden ist«[28]: »des Vaters Antlitz hat sich ganz verdunkelt; es ist die schreckliche Maske des Zerschmeißenden, des Keltertreters, ich kann eigentlich nicht ›Vater‹ sagen«[29]. Der Christ Schneider entlarvt alle beruhigenden Selbsttäuschungen und vollmundigen Sinnaffirmationen. Nur eines bleibt ihm im Blick auf

[26] R. Schneider, Winter in Wien. Aus meinen Notizbüchern 1957/58, Freiburg 1958, 120f.

[27] Ebd. 162. Das folgende Zitat ebd. 155f.

[28] Ebd. 234.

[29] Ebd. 110.

Christus: »Aus einer unbegrenzbaren kosmischen Dunkelwolke schimmert schwach ein einziger Stern; das muß uns genug sein; mehr ist nicht offenbart. … Der Zweifel ernährt den Glauben, der Glaube den Zweifel«[30].

Man wird Reinhold Schneiders Zweifel nicht allein auf die Depression des schmerzgeplagten Schwerkranken, die seine Wahrnehmung verdüsterte, zurückführen dürfen, genausowenig wie übrigens das fast »angeborene« Gespür für die negative Seite des Lebens bei Emile Cioran (1911–1995), der »Die verfehlte Schöpfung« (1969) ablehnt und vom »Nachteil, geboren zu sein« (1973), spricht[31]. Beide, der zweifelnde Christ Schneider und der – nach eigenem Bekunden – »mit Wollust zweifelnde« Agnostiker Cioran, artikulieren ein Grundgefühl, dem Aktualität heute nicht abzusprechen ist. Und so sehr dieses Grundgefühl des Welt- und Schöpfungsmißtrauens, diese Faszination durch das Negative, dieser Geist der Schwermut und die Schwierigkeit, ja zu sagen, eine im zu Ende gegangenen 20. und aller Erwartung nach auch im beginnenden 21. Jahrhundert immer wieder aufkommende – soziohistorisch bedingte – Grundstimmung sein mögen, so haben sie doch Anhalt an der unleugbaren Zweideutigkeit und Zwiegesichtigkeit der Natur. Diese macht sie als Schöpfung eines guten Schöpfers für viele fraglich.

c) Wegen dieser tiefen Zweideutigkeit der Natur nannte Martin Luther (1483–1546) die Kreaturen nicht so sehr Spuren Gottes als vielmehr »Larven« oder »Masken« Gottes. Mit solchen Metaphern schnitt er eine Erkenntnis Gottes aus der Natur rücksichtslos ab. Die Vernunft kann Gott in der Welt nicht finden, sie »spielt Blindekuh mit Gott und tut eitel Fehlgriffe und schlägt immer daneben, daß sie das Gott heißt, das nicht Gott ist, und wiederum nicht Gott heißt, das Gott ist«[32]. Sie bekommt im Natur-

30 Ebd. 216f.

31 So zwei der Buchtitel von E. Cioran. Zu Cioran vgl. H. R. Schlette, Mit der Aporie leben. Zur Grundlegung einer Philosophie der Religion, Frankfurt a. M. 1997, 149–170.

32 Martin Luthers Werke. Kritische Gesamtausgabe. Weimarer Ausgabe, Weimar 1883ff., Bd. 19, 207.

ablauf und Weltlauf höchstens »die Rückseite Gottes« zu Gesicht, den – in der Welt und im Leben – verborgenen, nackten Gott (und da bleiben viele Warum-Fragen), aber vom Abgrund göttlicher Weisheit und Barmherzigkeit, »da weiß sie nicht einen Tropfen von«[33]. Dieser Abgrund göttlicher Weisheit und Barmherzigkeit wird erst offenbar durch das Wort des Schöpfers in Inkarnation, Leiden und Kreuz Christi, sub contrario, unter seinem Gegenteil. Durch sein Wort in der Geschichte Jesu Christi hat Gott sich erschlossen. Christus ist der Erkenntnisgrund der gesamten Schöpfung und ihres Sinns.

Deshalb gilt für Luther: »Wiewohl Gott überall ist in allen Kreaturen, und ich möchte ihn im Stein, im Feuer, im Wasser oder auch im Strick finden, wie er denn gewißlich da ist, (so) will er doch nicht, daß ich ihn da suche ... Überall ist er, will aber nicht, daß du überall nach ihm tappest, sondern wo das Wort ist, da tappe nach, so ergreifst du ihn recht«[34]. Es bedarf also einer Umorientierung der Lebens- und Erkenntnisbewegung, um die Welt – als Schöpfung wahrzunehmen (und Gott als Schöpfer). Nicht der dem Denken geläufige Rückschluß von der Welt auf Gott läßt diese als Schöpfung hervortreten, sondern erst der dem Denken zugemutete Schluß von dem bejahten Gott auf die Welt.[35] Wer sich zum Glauben an Gott durchkämpft und aus der Beziehung mit ihm zu leben versucht, der sieht auch die Welt anders: »Aus je größerer Nähe einer Gott erkennt, um so besser versteht er die Kreaturen und läßt sich von ihnen ›anrühren‹ ..., erkennt und liebt sie«[36]. Um Gottes Spuren in den Kreaturen als solche erkennen und lesen zu können, muß man Gott zuvor kennen.

d) Dennoch werden nur wenige mit dem 1995 24-jährig an Aids gestorbenen Bäcker und Dichter Markus Commerçon sagen können: »Eines Tages / blickte ich Aids ins

[33] Ebd. Bd. 46, 669.
[34] Ebd. Bd. 19, 492 (Sermon von dem heiligen Sakrament, von 1526).
[35] So Ch. Link, Schöpfung, Bd.1, Gütersloh 1991, 56.
[36] M. Luther, Werke. Weimarer Ausgabe, Bd. 43, 276 (Genesiskommentar). Dort auch der Satz: »Quia divinitatis vestigia sunt in creaturis.«

Gesicht. / Ich erschrak. / Bis ich merkte, / daß Gott mich anschaute« (liebend, meinte Markus Commerçon, nicht strafend).

Die französische Dichterin Marie Noël (1883–1967), deren Gedichtbände prämiert wurden, hinterließ in ihren (nur zu ihrer eigenen Hilfe niedergeschriebenen) »Notes intimes« das erschütternde Zeugnis eines nicht nur eine Nacht wie bei Jakob am Jabbok (Gen 32,25–31), nein, eines zwanzig Jahre dauernden, durch dunkelste Höllen führenden Ringens mit Gott, den sie in der Schöpfung nicht mehr fand und den sie gleichwohl nicht losließ (vgl. Gen 32,27). Nicht »den ›lieben‹ Gott (ihrer Kindheit), ›unseren Vater‹, meinen Freund. Nein! Einen anderen! Ein anderer, ... so fürchterlich, daß mein Verstand wankte«[37]:

»Der, der die Welt erschaffen hat, nur ein Gesetz hat er dem lebendigen Wesen gegeben: ›Friß‹, und was dasselbe ist: ›Um zu fressen, töte.‹ Wenn du verweigerst, was du deinem Bauch schuldest, wirst du sterben. ... Der die Menschen erlöst hat, offenbarte ihnen ein anderes Gesetz: ›Liebe‹. Die Liebe weigert sich, den Nächsten aufzufressen, sie weigert sich zu töten – den Menschen, das Tier, die Pflanze. ... Gott im Gegensatz zu Gott. ... Die Liebe Gottes verklärt das Gesetz der Schöpfung Gottes. Sie findet ihre Seligkeit im Verzehrt-werden. Und vielleicht gab im Anfang jedes Geschöpf sich dem anderen, Tier oder Pflanze, in Freude hin. So erfüllte sich – in einem – das doppelte Gesetz Gottes: ›Verzehre – liebe‹.«[38] Anders als Reinhold Schneider überläßt sich Marie Noël nicht fast wehrlos dem Sog der Finsternis, sondern arbeitet sich wieder herauf, bis dahin, daß sie sagen kann, sie glaube an diese »Liebe des Anfangs«, zu deren Zeichen ihr die eucharistische Hostie wird, »dieser göttliche Bissen, in dem sich der Hunger, dieses Leben-wollen, und die Liebe, dieses Ernähren-wollen, wieder versöhnen ... Und das Sterben.«[39] Wie Reinhold Schneider weiß sie um »die

[37] M. Noël, Erfahrungen mit Gott. Eine Auswahl aus den Notes Intimes, Mainz 1973, 22.

[38] Ebd. 29–31.

[39] Ebd. 102; vgl. 99.

Traurigkeit der Traurigkeiten: die Traurigkeit der (zum Schlachten geführten) Tiere, ... die große Klage in den gehorsamen Augen der zum Tod verurteilten Kreatur«[40]. Und sie gesteht: »Ich habe schwer an Gott gelitten. Ich habe an ihm gelitten ruhelos – wegen des Bösen. Wegen der schrecklichen Frage: Wer hat es verursacht? ... Dennoch, mit denselben tiefen Augen habe ich das dem Bösen Entgegengesetzte, habe ich die Liebe gesehen. Und ich glaube an die Liebe, als wären die Mathematiker unsicher, die Vernunft einäugig«[41]. Im Blick auf die Passion Christi, der den dunklen Gott ausgehalten und die Liebe zu allen durchgehalten hat, fügt sie hinzu: »Die größte Liebe ist die Liebe zu dem, der nichts zurückgeben kann«, der »dich verläßt oder, schlimmer noch, dich verrät«, die »liebt, ohne zu rechnen«, »die selbstloseste, die ganz verlorene, ... die Liebe, die kein Glück hat«.[42]

In einem paradox zugespitzten Text hat Marie Noël dann auch Racines Wort »Den jungen Vögeln gibt Gott Nahrung, und seine Güte breitet sich über die ganze Natur« für sich selber so kommentiert: »Nimm dich in acht, Mücke, nimm dich in acht! Der kleine Vogel braucht Futter, und der liebe Gott hat dich zu seiner Nahrung gemacht. Nimm dich in acht, kleiner Vogel, nimm dich in acht! Der Falke braucht Futter, und der liebe Gott hat dich zubereitet für seine Mahlzeit. Nehmt euch in acht ringsum, nehmt euch in acht in der Runde: Ein Bauch wartet auf dich, ein Hunger erspäht dich. Nimm dich in acht vor der Erde, nimm dich in acht – und komm dem Himmel nicht zu nahe. Da ist die Güte Gottes, die den Hunger schuf und die Beute. Die Güte Gottes, tief und schwarz wie ein Abgrund, der Angst macht. Und dennoch

[40] Ebd. 106; vgl. auch 138f. Ebd. 98: Der Tbc-»Bazillus frißt in der Brust einer jungen Mutter, in der Kehle eines Apostels und sagt: ›Gott ist gut‹. Und weil er von der Vorsehung seine Weide erhalten hat, sein Leben und den Segen für seine Nachkommen, spricht der Bazillus sein Tischgebet. Dasselbe Tischgebet, das wir am Ende unserer Mahlzeit sprechen, nachdem wir das Huhn oder das Lamm gegessen haben.«

[41] Ebd. 132; vgl. 121f.

[42] Ebd. 152–154.

ich, die Mücke, ich, die Lerche, ich, der Mensch, ich, das Geschöpf, erspäht, gehetzt, gejagt, getötet, gegessen – ihm allein vertraue ich, vor ihm allein habe ich keine Angst.«[43]

In der Natur und ihren Leiden, in der Kälte des Kosmos, ist ihr Gottes Güte und Wärme verborgen wie in einem schwarzen Abgrund, der Angst macht. Doch dann blickt Marie Noël auf diesen Galiläer Jesus und was er ihr zeigt von Gott, und sie wagt ein Dennoch gegen allen Augenschein, ein eindeutiges Vertrauen gegen alle in der Natur erfahrbaren Zweideutigkeiten. Gewagte Worte, gewagtes Leben, im einfallenden Lichtschein dieses Gottes Jesu, dem allein sie ganz vertrauen möchte.

Aber ist solches Vertrauen möglich ohne ein hinreichendes Verstehen? Wir werden darauf zurückkommen müssen (s. u. IV.3 und V.).

[43] M. Noël, Notes intimes, suivies de Souvenirs sur l'abbé Bremont, Paris 1959, 190 (eigene Übersetzung). – Ein eher distanziert-akademisches Gegenstück bietet die extreme Hiob-Paraphrase in Fritz Zorn, Mars, München 1979, 166f.: »Da antwortete der Herr dem Hiob aus dem Wetter und sprach: Habe ich nicht das Krokodil erschaffen ..., das an Scheußlichkeiten alles andere übertrifft? Kann das Krokodil nicht beißen, morden, verstümmeln, verkrüppeln, vernichten? Wie kommst du dazu, an meiner Autorität zu zweifeln, wo ich doch der Herr über solche Scheußlichkeiten bin? Da antwortete Hiob dem Herrn und sprach: Du hast recht. Ich anerkenne, daß du der gemeinste, widerlichste, brutalste, perverseste, sadistischste und fieseste Typ der Welt bist. ... Du bist das größte Schwein des Universums. Meine Antwort auf diesen Tatbestand ist die, daß ich dir gerne untertan bin, dich sinnvoll finde und versuche, dich zu lieben.« Diese Reaktion und Haltung Hiobs sei feige und dumm, ethisch wertvoller sei die Haltung von Hiobs Weib: »Eben weil Gott das Krokodil erfunden hat, besteht die Verpflichtung, gegen ihn zu rebellieren; denn wenn er es nicht erfunden hätte, brauchte man auch gar nicht mehr gegen ihn zu rebellieren.«

IV. »Nach Auschwitz«: Verstummen der Gott-Rede oder Entschärfung der Theodizeefrage?

Der Name »Auschwitz« markiert das Äußerste an Greueln der Unmenschlichkeit. Der Lebenszusammenhang, in dem das Schreckliche möglich wurde, ist unser eigener; *dort* ist es möglich geworden, und wurde gestern und heute wieder möglich. Abgründige Fehlbarkeit und Schuldfähigkeit stecken in jedem von uns, und bei entsprechenden Bedingungen werden sie oft genug auch aktuell. Gerade darum besteht die Pflicht zum behutsamen Wachhalten der Erinnerung.

Gott hat in Auschwitz anscheinend geschwiegen. Wo war er geblieben? Hielt er sich verborgen? Wo? Durch die Shoa wird der Glaube an Gott und das Reden von Gott zutiefst irritiert (für Juden – und auch für Christen, die ihre jüdische Wurzel nicht vergessen und ihre Verbundenheit mit den Juden nicht verleugnen). Elie Wiesel, einer, der die Hölle von Auschwitz erleben und mit dieser Erfahrung weiterleben mußte, schreibt: »Man sage nicht, daß Gott damit nichts zu tun habe. ... Wer ihn für Jerusalem segnet und ihn nicht nach Treblinka fragt, ist schlichtweg ein Heuchler.«[1] »Letztlich werde ich niemals aufhören, mich gegen diejenigen zu empören, die Auschwitz geschaffen oder zugelassen haben. Gott eingeschlossen.«[2]

Unsere heutige Theodizee-Situation ist von der Shoa geprägt. Kann man »nach Auschwitz« überhaupt noch von Gott reden? Aber da *in* Auschwitz gebetet und nach Gott, zu Gott, gerufen wurde: *Muß* man nicht nach Auschwitz zu Gott rufen und von Gott reden? Doch wie?

[1] E. Wiesel, Macht Gebete aus meinen Geschichten. Essays eines Betroffenen, Freiburg 1986, 39.

[2] E. Wiesel, Alle Flüsse fließen ins Meer. Autobiographie, Hamburg 1995, 118.

Oft wird versucht, dem Problemdruck dadurch auszuweichen, daß man gar nicht mehr von Gott redet, vielmehr in einem nachchristlichen Neo-Stoizismus das Sinn- und Trostlose trostlos zu ertragen sucht oder sich – im Verdrängen und Vergessen der Leiden – hedonistisch mit den Events, Genüssen und Befriedigungen, die der Augenblick bietet, bescheidet, ohne größere Hoffnung, ohne Klage und ohne Protest.

Hält man an Gott oder zumindest an der Frage nach Gott fest und will man, ohne die Realität der Leiden zu verraten, das Theodizeeproblem wenigstens entschärfen, so bleiben drei Möglichkeiten: daß aus dem Gottesbegriff entweder die Allmacht oder die Allgüte oder die Verstehbarkeit eliminiert wird. Der jüdische Philosoph Hans Jonas hatte ja bemerkt, die drei Attribute des traditionell-metaphysischen Gottesbegriffs – Allmacht, Güte und Verstehbarkeit – ließen sich, nach Auschwitz, nicht alle drei zusammen aufrechterhalten, da »jede Verbindung von zweien von ihnen das dritte ausschließt«[3]. Da Hans Jonas sowohl die absolute Güte wie die wenigstens grundsätzliche Verstehbarkeit Gottes für unaufgebbar hielt, mußte folglich die Allmacht weichen.

1. Abschied vom allmächtigen Gott, oder: Ist Gott ohnmächtig? Zur überfälligen Klärung des Begriffs der All-Macht

a) Hans Jonas (1903–1993), dessen Mutter in Auschwitz ermordet wurde, fragt, welcher »Gottesbegriff nach Auschwitz« überhaupt noch denkbar sei: »Für den Juden, der im Diesseits den Ort der göttlichen Schöpfung, Gerechtigkeit und Erlösung sieht, ist Gott eminent der

[3] H. Jonas, Der Gottesbegriff nach Auschwitz. Eine jüdische Stimme, Frankfurt a. M. 1987, 43. – Zu Jonas' Versuch vgl. H. H. Henrix, Machtentsagung Gottes? Ein Gespräch mit Hans Jonas im Kontext der Theodizeefrage, in: J. B. Metz (Hg.), ›Landschaft aus Schreien‹ (s. o. III Anm. 9), 118–143, sowie E. Jüngel, Gottes ursprüngliches Anfangen als schöpferische Selbstbegrenzung, in: ders., Wertlose Wahrheit, München 1990, 151–162.

Herr der Geschichte, und da stellt ›Auschwitz‹ selbst für den Gläubigen den ganzen überlieferten Gottesbegriff in Frage … Wer aber vom Gottesbegriff nicht einfach lassen will – und dazu hat selbst der Philosoph ein Recht –, der muß, um ihn nicht aufgeben zu müssen, ihn neu überdenken und auf die alte Hiobsfrage eine neue Antwort suchen. Den ›Herrn der Geschichte‹ wird er dabei wohl fahren lassen müssen. Also: Was für ein Gott konnte es geschehen lassen?«[4] Die Antwort, die Jonas gibt, lautet: ein Gott, der sich gänzlich seiner Allmacht entäußert und begeben hat. Diese Antwort erfolgt in zwei Stufen.

(1) Um dem Endlichen seinen eigenen Lauf zu lassen, muß Gott – der kabbalistischen Zimzum-Lehre[5] zufolge – »sich in sich selbst zusammenziehen« und sich zurücknehmen, weil es sonst »kein anderes außerhalb Gottes geben« könnte[6]. Durch Selbstbeschränkung eröffnet Gott einen Raum für Welt und Freiheit, läßt somit auch Böses zu. Gottes Macht ist daher keine absolute oder All-Macht, vielmehr begrenzt durch das Eigensein des Geschaffenen, das er respektiert. Aber, so wendet Jonas selbst ein: Müßte der gute Gott die eigene Regel äußerster Zurückhaltung nicht wenigstens bei unerhörtem, himmelschreiendem Leid durchbrechen und mit einem rettenden Wunder eingreifen?[7] Wenn also in Auschwitz kein Eingreifen Gottes erfolgte, so muß das noch einen anderen Grund haben, als daß Gott nur die Eigenentfaltung der Schöpfung gewährleisten wollte. Auf der Suche nach einer weitergehenden Anwort beschwört Hans Jonas deshalb

[4] H. Jonas, Gottesbegriff nach Auschwitz, 14.

[5] Der hebräische Ausdruck »Zimzum« bedeutet Konzentration oder Kontraktion. Er wird innerhalb des Midrasch bes. auf die Gegenwart Gottes im Allerheiligsten des Tempels angewandt, in dem Gott seine ganze Macht gleichsam auf einen Punkt »beschränkt« (vgl. P. Kuhn, Gottes Selbsterniedriung in der Theologie der Rabbinen, München 1967, 47–60). In der Kabbalah, einer im späten 13. Jahrhundert aufgekommenen spekulativ-mystischen Richtung im Judentum, welche v. a. die Beziehung zwischen absolut transzendenter Gottheit und Schöpfung zu bestimmen suchte, bekommt »Zimzum« dann v. a. die Bedeutung, daß die Gottheit sich zusammenzieht, um der Schöpfung Raum zu eröffnen.

[6] H. Jonas, Gottesbegriff nach Auschwitz, 45.

[7] Ebd. 40f.

(2) einen »selbsterdachten Mythos« (jenes »Mittel bildlicher, doch glaublicher Vermutung, das Plato für die Sphäre jenseits des Wißbaren erlaubte«): »Im Anfang, aus unerkennbarer Wahl, entschied der göttliche Grund des Seins, sich dem Zufall, dem Wagnis und der endlosen Mannigfaltigkeit des Werdens anheimzugeben. Und zwar gänzlich: Da sie einging in das Abenteuer von Raum und Zeit, hielt die Gottheit nichts von sich zurück; kein unergriffener und immuner Teil von ihr blieb«, um den Schöpfungsprozeß von jenseits her zu lenken. »Auf dieser bedingungslosen Immanenz besteht der moderne Geist. Es ist sein Mut oder seine Verzweiflung ..., unser In-der-Welt-Sein ernst zu nehmen: die Welt als sich selbst überlassen zu sehen, ihre Gesetze als keine Einmischung duldend, und die Strenge unserer Zugehörigkeit als durch keine außerweltliche Vorsehung gemildert.«[8] Jonas radikalisiert also die partielle Zusammenziehung Gottes (das Zimzum der Kabbalah) zur totalen Kontraktion auf restlose Immanenz, er radikalisiert die Selbstbeschränkung Gottes zur totalen Entäußerung in völlige Ohnmacht und in den Verlust jeder Souveränität gegenüber der Welt. Gott hat sich so ganz in die werdende Welt hineingegeben, daß er »nichts mehr zu geben« hat[9]. Gott schwieg in Auschwitz: »nicht weil er nicht wollte, sondern weil er nicht konnte, griff er nicht ein«[10]. Nur Gottes Ohnmacht kann das Grauenvolle *erklären* (und dem Philosophen Jonas liegt daran, es zu erklären). Nur so scheint Gott von jedem Verdacht befreit, die Shoa verschuldet zu haben; er trägt nicht die Verantwortung für die Leiden der Opfer. Damit ist die Theodizeefrage, so scheint es, beantwortet und stillgelegt.

In einer anderen Schrift fügt Hans Jonas an: Die Schmach von Auschwitz – »wir Menschen haben das der Gottheit angetan als versagende Walter ihrer Sache, auf uns bleibt es sitzen, wir müssen die Schmach wieder von unserem entstellten Gesicht, ja vom Antlitz Gottes hin-

[8] Ebd. 15f.
[9] Ebd. 47.
[10] Ebd. 41.

wegwaschen.«[11] Gott habe sich selbst in den Weltprozeß hineingegeben, ohne etwas an Sicherheit für sich zurückzubehalten, jetzt liege es an uns, ihm zurückzugeben; Gott könne uns nicht helfen, wir müßten ihm helfen.[12] Hans Jonas ist davon überzeugt, »daß in unsere unsteten Hände, jedenfalls in diesem irdischen Winkel des Alls, das Schicksal des göttlichen Abenteuers gelegt ist und auf unseren Schultern die Verantwortung dafür ruht. Da muß der Gottheit wohl um ihre Sache bange werden.« Wir müssen jetzt diese Sache »vor uns schützen«: Das sei »eine kosmische Pflicht, denn es ist ein kosmisches Experiment, das wir mit uns scheitern lassen, in uns zuschanden machen können«[13].

Ohne Zweifel ein starkes, beeindruckendes Konzept. Dennoch drängen sich Fragen auf:

(1) Wird hier dem Menschen nicht eine zu große Last und Verantwortung auferlegt? Entsteht so aus der scheinbar gelösten, stillgelegten Theodizee nicht erneut die Frage nach einer Anthropodizee des überforderten Men-

[11] H. Jonas, Materie, Geist und Schöpfung. Kosmologischer Befund und kosmogonische Vermutung, Frankfurt a. M. 1988, 53.

[12] Nachträglich zu seinem spekulativ entworfenen Konzept stieß H. Jonas auf ein dieses gleichsam besiegelndes Lebenszeugnis, auf die Tagebücher von Etty Hillesum, einer jungen holländischen Jüdin, die sich 1942 freiwillig ins Lager Westerbork meldete, um dort zu helfen und das Schicksal ihres Volkes zu teilen; 1943 wurde sie in Auschwitz vergast. Hans Jonas (ebd. 60f.) zitiert aus ihren Tagebüchern: »... Ich gehe an jeden Ort dieser Erde, wohin Gott mich schickt, und ich bin bereit, in jeder Situation und *bis in den Tod Zeugnis davon abzulegen, ... daß es nicht Gottes Schuld ist, daß alles so gekommen ist, sondern die unsere* « – »... und wenn Gott mir nicht weiterhilft, dann muß ich Gott helfen. ... Ich werde mich immer bemühen, Gott so gut wie möglich zu helfen...« - »Ich will dir helfen, Gott, daß du mich nicht verläßt, aber ich kann mich von vornherein für nichts verbürgen. Nur dies eine wird mir immer deutlicher: daß du uns nicht helfen kannst, sondern daß wir dir helfen müssen, und dadurch helfen wir uns letzten Endes selbst. Es ist das Einzige, auf das es ankommt: *ein Stück von dir in uns selbst zu retten,* Gott. ... Ja, mein Gott, an den Umständen scheinst auch du nicht viel ändern zu können ... Ich fordere keine Rechenschaft von dir, du wirst uns später zur Rechenschaft ziehen. Und mit fast jedem Herzschlag wird mir klarer, daß *du uns nicht helfen kannst, sondern daß wir dir helfen müssen und deinen Wohnsitz in unserem Inneren bis zum Letzten verteidigen müssen*« (kursiv von mir).

[13] Ebd. 58f.

schen (und damit doch wieder die Frage nach einer Theodizee des den Menschen überfordernden Gottes)?

(2) Wird man den Opfern von Auschwitz etwa besser gerecht, wenn man Gott die Macht zur Erfüllung seiner Verheißungen abspricht, wenn man die Hoffnung auf eine – auch den Toten – Gerechtigkeit und Erlösung schaffende göttliche Macht begräbt? Wie lebt und liebt man weiter, wenn die Kinder von Auschwitz einfachhin wirklich ausgelöscht wären?

(3) In Jonas' Ausführungen bleibt zudem ein unaufgelöster Widerspruch: Einerseits soll die Gottheit *völlig* in die Immanenz des Weltprozesses *eingegangen* sein, ohne etwas »*von sich*« zurückzuhalten, so daß sie »nichts mehr zu geben« hat und nichts mehr von ihr zu erwarten ist. Andererseits hat Hans Jonas »die Idee eines Gottes, der *für eine Zeit* – die Zeit des fortgehenden Weltprozesses – sich jeder Macht der Einmischung in den physischen Verlauf der Weltdinge begeben hat; der dem Aufprall des weltlichen Geschehens auf *sein eigenes Sein* antwortet nicht mit starker Hand ..., sondern mit dem eindringlich-stummen Werben seines unerfüllten Zieles«[14]. Was soll nun gelten? Hat Gott nur für gewisse Zeit auf jede Einmischung in den physischen Weltlauf verzichtet, ohne sein eigenes Sein zu verlieren (so daß er die Gerechten aus den Völkern motivieren konnte), oder ist er so völlig in den Weltprozeß eingegangen, daß er nichts von sich zurückbehielt (woher kann dann noch eine motivierende Kraft kommen)? Beides ist nicht dasselbe.

b) Günther Schiwy folgt Jonas weitgehend, ohne den besagten Widerspruch zu beachten. Das Motiv für die schöpferische Entäußerung Gottes bis zur völligen Ohnmacht sieht Schiwy in der Liebe Gottes; daß diese an ihr Ziel komme, darauf vertraue der Glaube. An dieser Stelle führt Schiwy das Allmachtsprädikat, das er zuvor programmatisch verabschiedet hatte, plötzlich wieder ein, wenn er von einer »Liebesgeschichte des ohnmächtigen

[14] H. Jonas, Gottesbegriff nach Auschwitz, 41f.

Schöpfers mit der von ihm ermächtigten Schöpfung« spricht, einer Liebesgeschichte, »die beide verändert und deren Ausgang menschlich betrachtet zwar offen (ist), göttlich betrachtet (aber) von der Allmacht (!) der Liebe entschieden wird und längst entschieden ist«[15]. Auch in Schiwys Argumentation klafft ein Widerspruch: Wenn er einerseits das Bild eines »ohnmächtigen« Gottes vertritt, der sich bis in die völlige Abhängigkeit von seinen Geschöpfen entäußert und restlos in Immanenz aufgeht, wie soll dann andererseits aus der reinen Immanenz wieder die Transzendenz auftauchen, wo soll nach dem Ende der Allmacht die Allmacht der Liebe herrühren, daß man auf sie vertrauen oder ihrer Kraft in sich Raum geben könnte? Müßte also nicht die in Immanenz nicht auflösbare Transzendenz und Präsenz des göttlichen Grundes festgehalten werden? Ist nicht sie es, von der »die Gerechten in den Völkern« sich bewegen lassen?

c) Der Begriff der Allmacht Gottes muß neu überdacht und präzisiert werden.

Jonas und Schiwy wenden sich mit Recht gegen ein Verständnis Gottes, der willkürlich und mit gewaltförmiger Macht (Ps 77,16: »mit starkem Arm«) in den physischen Lauf der Welt, in die Natur und das menschliche Schicksal eingreift, verändernd, rettend usw. Beide meinen, deswegen auch die Allmacht Gottes verabschieden zu müssen. Aber dabei denken sie – und hier liegt wohl der Denkfehler – All-Macht nicht wirklich transzendental, sondern räumlich-gegenständlich: nämlich (1) als *Allein*-Macht, die ohne Gegenmacht, also gegenstandslos und daher als Begriff unsinnig sei, und (2) kategorial als *Über*-Macht auf derselben Ebene wie kreatürliche Macht, die zu dieser in Konkurrenz tritt und daher sich selbst begrenzen müßte, um auch anderer, schwächerer Macht Raum zu geben; denn andernfalls – so könnte man erläutern – würde sie ja alle andere, endliche Macht verdrängen, ähnlich wie ein Gegenstand den andern verdrängt, wenn er dessen Ort

[15] G. Schiwy, Abschied vom allmächtigen Gott, München 1995, 101f.

einnehmen soll (also wie z. B. Wasser beim Einschenken ins Glas die Luft verdrängt oder wie einer einen andern von seiner Stelle verdrängt).

Gewiß: *Wenn* Gott ein räumlich-gegenständliches, übergroßes (schlecht ›unendliches‹) Wesen *wäre*, das nach Art des Endlichen (Materie, Energie, Luft usw.) – allerdings endlos – ausgedehnt wäre, dann freilich wäre es nötig, daß ein solcher Gott sich zurücknimmt, sich selbst begrenzt, um in sich überhaupt erst Raum aufzutun für Welt, oder daß er sich gar völlig kontrahiert, um *allen* Raum für anderes (Welt) freizugeben. Aber die nicht endliche Wirklichkeit, die wir mit dem Wort »Gott« meinen, darf ja gerade nicht raumanalog, gegenständlich, materie- oder luftartig gedacht werden: Gott ist *un*- und *über*gegenständlich. Die Rede, Gott sei »*Geist*«, oder er sei »*transzendental*« zu denken, will genau dies andeuten. Raum, Atmosphäre, Energie, Macht/Kraft, Person/Du usf. – und selbst Geist oder Transzendenz – sind allesamt vom Endlich-Geschöpflichen genommene (physische oder personale) Modelle, die – metaphorisch (= übertragen), d. h. als Bilder, gebraucht – hinausverweisen auf Gott, den ganz Anderen, die ganz andere Dimension.

Die Vorsilbe »All-« in dem Ausdruck »Allmacht« signalisiert einen qualitativen (nicht nur quantitativen) Unterschied der Macht Gottes gegenüber menschlicher Macht. Menschliche Macht kann – mit Max Weber – als Durchsetzungsvermögen gegenüber anderen definiert werden; da dieses häufig zwingenden, ja gewaltsamen Charakter hat, ist der Begriff ›Macht‹ meist negativ besetzt. Doch davon ist die spezifische (oder All-)Macht Gottes, jedenfalls des von Jesus erschlossenen Gottes, klar zu unterscheiden. Gottes (All-)Macht muß gerade mit seiner Güte *zusammen*gesehen und von ihr her verstanden, d. h. als Fähigkeit gedacht werden, den anderen überhaupt erst *sein* zu lassen und ihn *frei* zu machen.

Kaum jemand hat das so klar gesehen wie der dänische Philosoph Sören Kierkegaard (1813–1855), der 1846 in einer Tagebuchaufzeichnung notiert:

»Die ganze Frage nach dem Verhältnis von Gottes Allmacht und Güte zum Bösen kann vielleicht (anstelle der Begriffsunterscheidung, daß Gott das Gute bewirkt und das Böse zuläßt) ganz schlicht folgendermaßen aufgelöst werden. Das Höchste, das überhaupt für ein Wesen getan werden kann, höher als alles, wozu einer es machen kann, ist dies: es frei zu machen. Eben dazu, dies tun zu können, gehört Allmacht. Dies scheint absonderlich, da Allmacht gerade abhängig machen müßte. Aber falls man Allmacht denken wird, wird man sehn, daß eben in ihr zugleich die Bestimmung liegen muß, sich selbst wieder solchermaßen in der Äußerung der Allmacht zurücknehmen zu können, daß eben deshalb das durch die Allmacht Entstandene unabhängig werden kann. Daher kommt es, daß ein Mensch den andern nicht ganz frei machen kann, weil der, welcher die Macht hat, selbst darin gefangen ist, daß er sie hat und deshalb ständig doch ein verkehrtes Verhältnis zu dem bekommt, den er freimachen will. Dazu kommt, daß in aller endlichen Macht, Begabung usw. eine endliche Selbstliebe ist. Allein die Allmacht kann sich zurücknehmen, indem sie sich hingibt, und dies Verhältnis ist ja eben die Unabhängigkeit des Empfangenden. Gottes Allmacht ist darum seine Güte. Denn Güte ist sich ganz hingeben, aber dergestalt, daß man, indem man allmächtig sich selbst zurücknimmt, den Empfangenden unabhängig macht. Alle endliche Macht macht abhängig, Allmacht allein vermag unabhängig zu machen, aus dem Nichts hervorzubringen, was dadurch inneres Bestehen empfängt, daß die Allmacht sich ständig zurücknimmt. Die Allmacht ist nicht in einem Verhältnis zu andern gelegen, denn es gibt kein Anderes, zu dem sie sich verhält, nein, sie vermag zu geben, ohne doch das Mindeste von ihrer Macht preiszugeben, d. h. sie kann unabhängig machen. Das ist das Unbegreifliche, daß Allmacht nicht bloß vermag, das Allerimposanteste, das sichtbare Weltenganze, hervorzubringen, sondern auch das Allergebrechlichste hervorzubringen vermag: ein der Allmacht gegenüber unabhängiges Wesen. Daß mithin die Allmacht, die mit ihrer gewaltigen Hand die Welt so hart anpacken kann, zugleich sich so leicht machen kann, daß das Entstandene Unabhängigkeit empfängt. Es ist nur eine ärmliche und weltliche Vorstellung von der Dialektik der Macht, daß sie immer größer wird je nach dem Maße, in dem sie zwingen und abhängig machen kann. …«[16]

[16] S. Kierkegaard, Gesammelte Werke, 17. Abteilung: Eine literarische Anzeige, Düsseldorf 1954, 124f (Anhang); kursiv von mir. Eine etwas andere Übersetzung findet sich in S. Kierkegaard, Tagebücher, München 1949, 216f.

Und in einer Tagebuchnotiz des Jahres 1850 fügt Kierkegaard hinzu: »Es ist unbegreiflich, das Wunder der allmächtigen Liebe, daß Gott wirklich einem Menschen so viel einräumen kann, daß er, was ihn selbst betrifft, nahezu wie ein Freier sagen wollen kann (hier liegt das schöne Wortspiel: frei zu machen, zu freien): willst du mich haben oder nicht? – und so eine einzige Sekunde auf die Antwort zu warten.«[17]

Eine Vorstellung von Allmacht, die mit dem Glauben an die Güte oder Liebe und Gerechtigkeit Gottes unvereinbar ist, muß mit Recht abgelehnt werden.[18] Gott übt seine Macht nicht in einer Weise aus, die seiner freigebenden Güte widerspricht. Zum einen nämlich gilt es zu bedenken: Der übergegenständliche Gott kann *um* uns sein, *bei* uns sein, *in* uns sein, ohne daß er, um nicht uns (oder eines seiner andern Geschöpfe) zu verdrängen, zu beengen oder unfrei zu machen, sich selbst erst – in einem räumlich-gegenständlichen Sinne – beschränken müßte[19]. Zum andern drängt sich die (All-) Macht seiner – intrinsisch-personalen – Liebe, anders als alle äußerlich-zwingende Menschenmacht, nicht auf, übt sie keinen Druck aus und

[17] S. Kierkegaard, Tagebücher, 405.

[18] Die Diskussion zur Frage der Allmacht Gottes greift neuerdings um sich. Vgl. hierzu O. John, Die Allmachtsprädikation in einer christlichen Gottesrede nach Auschwitz, in: E. Schillebeeckx (Hg.), Mystik und Politik, Mainz 1988, 202–218; H. Frohnhofen, Ist der christliche Gott allmächtig? in: StdZ 117 (1992) 519–528; Th. Pröpper, Allmacht Gottes, in: LThK³ I (1993) 412–417; G. van den Brink, Allmacht und Omnipotenz, in: KuD 38 (1992) 260–279; ders., Almighty God. A Study of the Doctrine of Divine Omnipotence, Kampen 1993; E. Kunz, Ist das Sprechen von Gottes Allmacht noch zeitgemäß? in: GuL 68 (1995) 37–46; R. Feldmeier, Nicht Übermacht noch Impotenz. Zum biblischen Ursprung des Allmachtsbekenntnisses, in: W. H. Ritter u. a., Der Allmächtige. Annäherungen an ein umstrittenes Gottesprädikat, Göttingen 1997, 13–42; W. Schoberth, Allmacht Gottes und das Leiden, ebd. 43–67; H. Hoping, Abschied vom allmächtigen Gott? in: TThZ 106 (1997) 177–188; T. Trappe, Allmacht und Selbstbeschränkung Gottes, Zürich 1997; J. Bauke-Ruegg, Aporien der Allmacht, in: EK 30 (1997) 278–280; ders., Die Allmacht Gottes. Systematisch-theologische Erwägungen zwischen Metaphysik, Postmoderne und Poesie, Berlin – New York. 1998; M. Figura, Wie soll man heute von Gottes Allmacht reden? in: IkaZ Communio 28 (1999) 104–117.

[19] Vgl. H. Kessler, ›Schweigen müssen wir oft; es fehlen heilige Namen‹ (Hölderlin). Zur Hermeneutik trinitarischer Rede, in: J. Beutler – E. Kunz (Hg.), Heute von Gott reden, Würzburg 1998, 97–124, hier 108–116.

engt nicht ein, sondern gibt frei. Gott ist nicht Konkurrent oder Grenze der Schöpfung und der menschlichen Freiheit, sondern gerade ihr ermöglichender Grund, auch ihre tragend-heilende Kraft und ihre rettende Aussicht.

So gemeinte All-Macht aber bedeutet biblisch das Versprechen der Rettung, gepaart mit dem Versprechen einer universalen Gerechtigkeit, die auch an die vergangenen Leiden rührt.[20] Sie zu verabschieden und das *Setzen* auf solche All-Macht aufzugeben, hieße zugleich den Schöpfungs- wie den Erlösungsbegriff preiszugeben. Wenn Gott nicht in diesem Sinne all-mächtig wäre, wäre alle Hoffnung auf endgültiges Heil ein »tragischer Irrtum«[21]. Doch im Bekenntnis zur All-Macht Gottes besteht der christliche Glaube genau darauf, daß der Gott, der in Verkündigung, Tod und Auferstehung Jesu Christi seinen universalen Heilswillen und seine rettende Liebesmacht kundgetan hat, auch überwinden wird, was diesem Heilswillen jetzt in der Welt und in uns selbst widerspricht.

2. Abschied vom allgütigen Gott, oder: Wirkt Gott Böses? Zum Problem der Letztverantwortung Gottes

a) Der jüdische Theologe David R. Blumenthal wählt den sozusagen komplementären Weg einer Auflösung der Theodizeeproblematik: Er begrenzt nicht Gottes Allmacht, sondern seine Güte, widerspricht also der Vorstellung von der *All*güte Gottes. Gott ist »zwar gewöhnlich und im allgemeinen, aber nicht immer gut«[22]. Blumenthal meint, »daß Gott von Zeit zu Zeit in böser bzw. schlechter Weise handelt«, »zu unvorhersagbaren Zeitpunkten

[20] J. B. Metz, Theodizee-empfindliche Gottesrede (s. o. I Anm.10), 91. Dort Anm. 7: »Gott als Name für die Macht, die auch an die vergangenen Leiden rührt und sich darin als Gerechtigkeit erweist. Das ist der biblische Hintergrund für die Rede von der ›Allmacht Gottes‹.«

[21] A. Kreiner, Gott im Leid (s. o. II Anm. 3), 184.

[22] D. R. Blumenthal, Theodizee: Dissonanz in Theorie und Praxis. Zwischen Annahme und Protest, in: Concilium 34 (1998) 83–95, hier 85; die Zitate im folgenden Satz ebd. 86f. – Vgl. auch vom selben Autor: Facing the Abusing God. A Theology of Protest, Louisville/Ken. 1993.

Böses bzw. Übles tut« und daß die »Neigung zum Bösen Gott inhärent ist«, daß also »Gott das Böse durchaus in sich umfaßt«; »das Böse gehöre als ›Bestandteil‹ zu Gottes eigenem Wesen«, so daß in Gott eine tiefe Zweideutigkeit herrscht.

Wie kommt Blumenthal zu dieser Sicht? Er geht von zwischenmenschlichen Erfahrungen aus: Ein Vater, der seinem Sohn den Autoschlüssel gibt, worauf der Sohn einen Unfall verursacht, habe Mitverantwortung; ja er habe »eine umfassende moralische Mitverantwortung für alles, was sich in seinem Leben ereignet«[23]. So habe auch Gott eine umfassende moralische Mitverantwortung für das Tun der Menschen.

Nun zeige die therapeutische Arbeit mit Überlebenden des Holocaust und mit Opfern von Kindesmißbrauch, wie unmöglich das Ansinnen an die Opfer sei, sie sollten über ihren Zorn auf Gottes Zulassung einfach so »hinwegkommen«. Vielmehr sei Wut auf Gott und Protest gegen ihn die bessere, moralischere Option: Es sei besser, »auf Gottes wirksame Gegenwart in der menschlichen Geschichte zu pochen und ihm dann selbst im Aufschrei des Protestes Ehre zu erweisen«[24]. So wie reife, erwachsene Menschen erkennen, daß ihre Eltern nicht vollkommen sind, so bräuchten wir eine »reife«, »realistische Sicht Gottes«, die uns befähige, seine reiferen Diener zu werden. Deshalb plädiert Blumenthal für eine »Theodizee, die Gott des Machtmißbrauchs beschuldigt und eine schrittweise Therapie vorschlägt« – im »Zickzackkurs« zwischen Zorn und Liebe, Protest und Gotteslob (vgl. Klagepsalmen), der allein zu menschlicher Genesung und Reife führe.[25]

Blumenthals Vorschlag hat in den USA erbitterten Widerstand hervorgerufen. Er selbst meint, dieser wurzele darin, daß die Menschen die umfassende, vollkommene Güte, die sie brauchen, auf Gott übertragen und in Gott hineinprojizieren.[26] Er fragt nicht, woran es eigentlich liegt, daß die Menschen vollkommene Güte ersehnen und sie in Gott suchen oder sehen, und er bemerkt nicht bzw. hält es für Realismus, wenn er selbst eine andere Projektion vornimmt, indem er »das Böse in Gott hineinverlegt und dem Menschen das Recht auf Widerspruch einräumt«[27]. Warum

[23] Blumenthal, Theodizee, 85f.

[24] Ebd. 88; für den folgenden Satz vgl. ebd. 93.

[25] Ebd. 89f.

[26] Ebd. 90f.

[27] Ebd. 93.

aber muß, so wäre zu fragen, wenn Gott nicht aus der Verantwortung für Leid und Böses entlassen wird, das Böse in Gott selbst hineinverlegt werden? Führt das nicht zwangsläufig zu einer Sanktionierung, zur Heiligung und Gutheißung des Bösen? Konsequent genommen kann Blumenthals Konzept letztlich nur zur Annahme all dessen führen, was ohnehin läuft, nicht aber zur Bekämpfung oder gar Überwindung des Schlimmen hin zu einem Besseren und am Ende eindeutig Guten.

b) Hinter den etwas widersprüchlichen Vorstellungen Blumenthals verbirgt sich allerdings ein ernsthaftes Problem. Wenn nämlich Gott der einzige Urgrund der Wirklichkeit ist, dann muß *in Gott* zwar nicht das Böse als *Realität*[28], aber doch so etwas wie der *Grund der Möglichkeit* des Übels, des Leids und eben auch des Bösen gedacht werden. Diese gedankliche Konsequenz haben etwa Jakob Böhme (1575–1624), F. C. Oetinger (1702–1782), F. W. J. Schelling (1775–1854) und Luigi Pareyson (1918–1991) gezogen, in etwas anderer Weise auch Sergej Bulgakow (1871–1944) und Hans Urs von Balthasar (1904–1988). Während die übliche christliche Theologie sich mit der Unterscheidung begnügte, daß Gott das Übel und Böse nicht will, es aber, indem er einer von ihm begründeten Welt Eigendynamik einräume, in Kauf nehmen (»zulassen«) und die Geschöpfe auch dann noch tragen müsse, wenn sie andere als die von Gott intendierten Wege beschreiten, gehen die genannten Denker weiter. Sie sehen in Gott selbst eine – letztlich trinitarisch zu denkende – Ur-Unterschiedenheit, die den Möglichkeitsraum bildet für alle anderen Unterschiedenheiten, also für Andersseinkönnen, für mögliche Selbständigkeit und damit eben dann auch für eventuelle *Ver*selbständigung *gegen* andere, d. h. für das moralisch Böse, die Sünde.[29] Indes, so konsequent dieser Gedanke erscheint – versteigt er sich nicht in anmaßende (metaphysische) Spekulation, die sich an der Unverfügbarkeit Gottes vergreift?

[28] Und auch nicht unbedingt als – von Gott freilich nicht gewählte – reale Möglichkeit Gottes selbst: gegen Luigi Pareyson, Ontologia della libertá. Il male e la sofferenza, Torino 1995.

[29] Vgl. etwa H. U. von Balthasar, Theodramatik III, Einsiedeln 1980, 300 ff.

Jedenfalls ist biophysisches Leben nicht ohne die Evolutionsdynamik, damit nicht ohne Fehlentwicklungen, Schmerzen, individuellen Tod (malum physicum) denkbar, und menschliche Freiheit nicht ohne die Möglichkeit ihres Mißbrauchs gegen andere Wesen (malum morale). Vermeidbar wären diese Übel nur gewesen, wenn Gott – menschlich gesprochen – überhaupt auf die Erschaffung einer evolutiven Welt mit biophysischem Leben und menschlicher Freiheit verzichtet hätte. Da er dies offenbar nicht tat, hat er sich zum Stifter (des malum metaphysicum und damit) der *Möglichkeit* des Naturübels und auch des moralischen Übels, des Bösen, gemacht und ist somit für diese – von ihm riskierte – Möglichkeit selber letztverantwortlich.

Erst aufgrund der Eigendynamik des evolvierenden Kosmos, der Natur, jedoch wird diese Möglichkeit zur *Wirklichkeit* des Naturübels, des oft erbärmlichen Leids der Kreatur; und erst aufgrund des Mißbrauch der menschlichen Freiheit wird sie zur *Wirklichkeit* des moralischen Übels, des Bösen. Die *Realität* des Übels und des Bösen wird damit zwar von Gott wegverlagert auf den Kosmos und auf den Menschen, aber doch so, daß der Mensch – und dies auch advokatorisch für andere Geschöpfe – mit Recht Klage erheben und an Gott die leidenschaftliche Rückfrage stellen kann: Warum? Wie konntest du nur (das alles riskieren, zulassen)? »Was hast du im Sinn … mit uns allen samt all den Geschöpfen, den macht- und wehrlosen, fressend gefressenen, gräßlich verreckenden, allen zusammen – zum Weinen! Was willst du?«[30]

c) Unter den zeitgenössischen christlichen Theologen haben u. a. W. Groß und K.-J. Kuschel[31] sich dagegen gewandt, für die Übel in der Welt allein die menschliche Freiheit verantwortlich zu machen und Gott, indem man ihn zum ohnmächtigen, schwachen Gott entmächtige, von

[30] F. Stier, Vielleicht ist irgendwo Tag (s. o. I Anm. 6), 147.

[31] W. Groß – K.-J. Kuschel, ›Ich schaffe Finsternis und Unheil!‹ Ist Gott verantwortlich für das Übel? Mainz 1992.

jeder Verantwortung freizusprechen. Sie haben einen zugespitzten Text im Alten Testament zum Programmtext erhoben: »*Ich* bilde das Licht und schaffe die Finsternis, ich wirke das Heil und *schaffe das Unheil*, ich bin's, Jahwe, der dies *alles wirkt*« (Jes 45,7).

Was besagt dieser Text? Deuterojesaja läßt hier Gott selber diesen Satz sagen, Gott, der – nach des Propheten Sicht – das schuldig gewordene Israel ins Gericht des Exils gebracht habe und es nun durch den Perserkönig Kyros, sein Werkzeug, wieder herausführe; mit diesem Satz führt der Prophet nicht nur alles Geschaffene, sondern auch alles Geschehende auf Gott (Jahwe) zurück. Anders als Gen 3 wird hier Gott als Ursache von schlechthin allem angesehen, also auch von Übel, Leid und Bösem; denn das in Jes 45,7 stehende hebräische Wort ›ra'‹ umfaßt das Unheil, das Schädliche *und* das Böse. Wie soll man dieses Propheten- Wort verstehen? Wir haben es hier mit einem Text zu tun, der eine konkret erlebte Situation deuten und das Volk ermutigen will, nur ja die Hoffnung nicht sinken zu lassen, vielmehr die Anzeichen einer Wende zum Guten wahrzunehmen. Sobald man nun aber diesen Satz seines situationsdeutenden und ermutigenden Charakters entkleidet, ihn zu einer generellen Behauptung verallgemeinert und aus ihm allgemeingültige Schlüsse ziehen will, wird alles problematisch.

Das gleiche Wort ›ra'‹ wie in Jes 45,7 findet sich übrigens in der Rahmenerzählung des Buches Hiob, wo dieser seine Frau fragt: »Das Gute nehmen wir an von Gott (Elohim), und das Böse sollen wir nicht annehmen?« (2,10; vgl. 42,11). Wie Hiob können jüdische Beter in ihrer gelebten Gottesbeziehung das Leid (Krankheit, Verfolgung), das sie trifft und aus dem Gott sie nicht herausholt, als *seinen* Zorn und *seine* harten Schläge deuten, es also direkt auf ihn zurückführen, ihn verantwortlich machen und ihm bitterste Anklagen entgegenschleudern (Klgl 3,1ff; Ps 88 u. a.; Heinrich Heine). Trotz aller gegenteiligen Erfahrung setzen sie dabei jedoch voraus, daß Gott ihr *Heil* will, nicht ihre Vernichtung. Gerade deshalb halten sie – sozusagen *gegen Gott* (genauer: gegen das, was sie aktuell an

Gottverlassenheit erfahren und auf Gott selber zurückführen) – *an Gott fest* (genauer: an dem »Ich bin da« von Ex 3,14 bzw. dem »Du bist bei mir« von Psalm 23,4), klagen seine (Bundes-)Nähe ein und fragen, wann er seine Verheißung und damit die Wahrheit seines Namens »Ich-bin-da« endlich einlösen werde.

Das kann so weit gehen, daß manche Rabbiner (wie Elisha ben Abuja im 2.Jahrhundert oder Levi-Jizchak von Berditschew im 18. Jahrhundert) geradezu tollkühn sich gegen den Schöpfer empören, ihm die Schuld für das große Leid zuweisen und »keinerlei Skrupel« haben, »Gott daran zu erinnern, daß auch Er sich von seinem Volk die Leiden vergeben lassen müsse, die Er ihm auferlegt hatte«[32]. Ein Rabbi Levi-Jizchak hat von Gott Antwort verlangt: »Einmal blieb er vom Morgen bis zum Abend stumm vor seinem Pult stehen, ohne die Lippen zu bewegen. Vorher nämlich hatte er Ihn gewarnt: ›Wenn Du Dich weigerst, unsere Gebete zu erhören, spreche ich sie nicht mehr!‹«[33] Solche Gebetsverweigerung und Revolte ist nicht dasselbe wie die Revolte des Abgefallenen oder des gleichgültig Gewordenen, sie ist vielmehr eine legitime Form gelebter Beziehung zum unbegreiflichen Gott, Rebellion aus einem letzten Vertrauen zu Gott[34] – und aus

[32] E. Wiesel, Chassidische Feier, Wien 1974, 104. – Ein jüdisches Märchen erzählt, wie am Vorabend des Jom Kippur der Schneider nach Verrichtung der Gebete ein Notizbuch hervorholt, woraus er alle seine Sünden seit dem vergangenen Jom Kippur vor Gott aufzählt, dann ein größeres und dickeres Notizbuch aus dem Schrank holt, zu Gott sagt: »und jetzt werde ich deine Sünden aufzählen«, dann alle Nöte, Sorgen, Krankheiten und Geldverluste des zurückliegenden Jahres aufrechnet und am Ende sagt: »Allmächtiger Gott, wenn man eine ehrliche Rechnung aufstellt, schuldest du mir mehr als ich dir. Aber ich will mit dir nicht kleinlich umgehen. Es ist Jom Kippur, alle müssen sich versöhnen, und ich verzeihe dir deine Sünden, die du uns angetan hast, und auch du sollst uns unsere Sünden verzeihen.« Darauf schenkte der Schneider die Gläser mit Wein voll und rief aus: »Lechaim, allmächtiger Gott, wir verzeihen einander unsere Sünden.« Die Erzählung endet damit, daß der Rabbi den Schneider als Vorbild hinstellt, über den selbst Gott sich freue. Vgl. Pinchas Sadeh, König Salomos Honigurteil. Märchen und Legenden der Juden, München – Wien 1989, 448f.

[33] E. Wiesel, Chassidische Feier, 105.

[34] So interpretiert K.-J. Kuschel, Im Spiegel der Dichter. Mensch, Gott und Jesus in der Literatur des 20. Jahrhunderts, Düsseldorf 1997, 271.

einer unbedingten ethischen Entschiedenheit für die Menschen, die Geschöpfe, die Opfer. Elie Wiesel erläutert: Der Schrei der Empörung gegen Gott sei dann erlaubt, wenn er ein Schrei für die Opfer sei und nicht gegen sie. »Unsere (jüdische) Tradition rechtfertigt nur einen einzigen Schrei, den Schrei, den wir für die Menschen, nicht gegen sie ausstoßen. Nur die Empörung, die dem Opfer hilft, ist gestattet. Jene, die den Henker ermuntert, ist vergeblich, weil sie unmenschlich ist.«[35] In der Shoa haben Juden zu Jahwe gesprochen, Er solle nur ja nicht glauben, sie würden unter dem Ansturm der sie treffenden Leiden von Ihm lassen und Ihn dadurch seinen Verpflichtungen ihnen gegenüber entheben.

Solches Verhalten in der Gottesbeziehung setzt voraus, daß Gott gerade *nicht* Gutes *und* Böses im eigentlichen Sinn zugleich tut und will und in sich enthält, also nicht voll tiefer Zweideutigkeit, sondern eindeutig Güte oder Agape (1 Joh 4,8.16; 1,5) ist und daß von ihm gilt: »Jahwe ist gütig gegen alle« (Psalm 145,8f; vgl. 36,6 u. a.), daß in ihm nichts wirklich Böses ist und er nur deshalb auch gebeten werden kann: »Laß mein Herz sich nicht zum Bösen neigen« (Psalm 141,4). An vielen Stellen des hebräischen Alten Testaments (Ex 34,6f; Num 14,18; Neh 9,17 u. a.; Ps 36,6; 57,11; 63,4; 69,14; 86,15; 100,5; 103,8; 107,1; 108,5 u. a.) wird die ›chäsäd‹ (= Güte, Gnade) geradezu zum Inbegriff Gottes, und aufgrund der Gotteserfahrung und -praxis Jesu behauptet das Neue Testament die reine »Güte« Gottes: keiner ist im Grunde »gut« außer Gott allein (Mk 10,18; vgl. Mt 7,9–11, 20,1–15; Lk 15; 1 Joh 4,8.16; Tit 3,4 u. a.).

Diese chäsäd oder Güte/Liebe Gottes ist freilich keine abstrakt vorausgesetzte, verrechenbare Eigenschaft Gottes, auf die man spekulieren und die man in sein Kalkül (etwa in einer Theodizee) einsetzen könnte. Sie ist vielmehr das, worauf der Glaubende in der gelebten Beziehung zu Gott, gleichsam mit dem Einsatz und Experiment seines Lebens, vertrauend und hoffend *setzt*, und zwar –

[35] E. Wiesel, Die Weisheit des Talmud. Geschichten und Portraits, Freiburg 1992, 193.

jedenfalls seiner Intention und Tendenz nach – in all seinem Handeln und all seinem Leiden. Zu sagen, Gott sei Güte oder Agape, bedeutet dann, darauf zu setzen, daß er sich noch und vollends als solche Güte oder Agape erweisen werde.

d) Ein Thomas von Aquin (1225–1274) war sich dessen wohl bewußt, daß wir, so lange wir leben, mit einer unvollkommenen Gotteserkenntnis uns abfinden müssen: Wir wissen nicht, was Gott *ist*, sondern eher, was er *nicht* ist. Gott ist *nicht* schlecht und *nicht* böse. Aber die positive Aussage »Gott ist gut« gibt nicht wieder, was Gott *ist*, denn der Begriff, den wir Menschen von ›gut‹ haben, bezieht sich auf die Gutheit, die in der endlichen Welt angetroffen werden kann. Das Gute in der Welt ist begrenzt und mangelhaft, die Gutheit, die zu Gott gehört, ist in der Welt eben nicht vorhanden. Was das herrschende Denken als ›gut‹ präsentiert, ist nicht gut; und was wir normalerweise als ›gut‹ verkaufen, ist nicht ganz gut. Das, worauf das Wort ›gut‹ letztlich hinweisen will, ist im eigentlichen Sinne in Gott zu finden und erst in einem abgeleiteten Sinn in der Schöpfung. Wenn also die wahre Gutheit in Fülle nur bei Gott zu finden ist, so liegt diese Gutheit doch in der Richtung dessen, was Menschen in ihrem Leben an Gutheit, an Güte, als gut erfahren und was sie an Gutheit und Güte ersehnen. Deshalb ist es viel adäquater, Gott gut zu nennen, als irgendein Geschöpf. Und deshalb muß gewiß verneint werden, daß Gott schlecht ist, aber es muß gerade nicht verneint werden, daß Gott gut ist.[36]

Das Wort ›gut‹ (Güte, Liebe) ausgerechnet Gott vorenthalten zu wollen, ist daher mehr als bedenklich. Dennoch: Oft wird dieses Wort allzu selbstverständlich und gedankenlos auf Gott übertragen.

[36] Vgl. Thomas von Aquin, Summa theologiae I q.1 a.9 ad 3; I q.7 a.1; q.12 a.1; q.13 a.3; q.6 a.1–4. Zur Interpretation vgl. E. Schillebeeckx, Das nichtbegriffliche Erkenntnismoment in unserer Gotteserkenntnis nach Thomas von Aquin, in: ders., Offenbarung und Theologie, Mainz 1965, 225–260; ferner W. J. Hill, Knowing the Unknown God, New York 1971.

Im Anschluß an Meister Eckhart hat darauf – der zu Unrecht (1926) aus der Kirche ausgeschlossene und erst spät (1946) wieder aufgenommene Kirchengeschichtler und Volksschriftsteller – Joseph Wittig (1879–1949) hingewiesen und bemerkt, in allem menschlichen ›gut‹ sei immer auch ein Schlimmes: Wenn der König gut für die Bürgerschaft sei, wieviel Ungutes müsse er da den armen Halunken antun, die es nicht zu rechten Bürgern gebracht haben; und wie manches Schlimme richteten wir mit unserer Güte an! All unsere Eigenschaftswörter, auch noch die höchsten, die wir auf Gott anwenden, »geben uns nicht sein Licht, sondern werfen auf ihn unsere Dunkelheit«[37]. Wenn wir das Wort ›gut‹ dennoch auf Gott anwenden, dann kommen wir in die unmöglichsten Situationen mit Gott. Wir können dann Gott in vielen Ereignissen einfach nicht mehr verstehen, denn das meiste, was Gott tut und geschehen läßt, sei viel weniger und zugleich viel mehr als ›gut‹. Viel weniger, weil Dinge passieren, die einfach in unseren Augen nicht gut sein können; viel mehr, weil sich nicht selten später herausstelle, daß das, was eintrat und was damals nach menschlichen Maßstäben schlecht und schlimm war, sich hernach als ›gut‹ erweise. So sei eben »auch das Menschenwort gut, auf Gott angewandt, ein Schatten auf Gott«: »Es erfaßt nicht das Mysterium der Katastrophen, der verheerenden Tätigkeit Gottes, der Tragik und der Schmerzen; und was es erfaßt, nämlich diejenigen Offenbarungen Gottes, die uns angenehm sind, das ist immer noch unendlich höher als menschlich gut«[38].

Nicht nur wegen der Unausdenkbarkeit Gottes aber, auch aus Rücksicht auf Menschen in den Dunkelheiten des Lebens lege sich eine behutsame, diskrete Zurückhaltung im Gebrauch der Worte gut und Güte/Liebe für Gott nahe. Zu oft schon habe der billige Hinweis, Gott sei immer und auf jedem Fall ›gut‹, von Tragik und Not getroffenen Menschen Gott und den Glauben an ihn zu vermiesen vermocht. Joseph Wittig: »Viele Menschen, die

[37] J. Wittig, Das neue Antlitz, Kempen 1947, 157f.
[38] Ebd. 158.

den Glauben an Gott weggeworfen haben, weil sie an Gottes Güte verzweifelten, würden wieder anfangen zu glauben, wenn sie nicht … glauben müßten, daß Gott so, wie sie es allein verstehen können, gut sei. Es würde aber nach einiger Zeit der Tröster kommen, der Heilige Geist, und würde ihnen alles sagen, was sie jetzt noch nicht ertragen können.«[39]

Nun schildert Wittig eine konkrete Begebenheit aus seiner Kaplanszeit in Breslau. Ein schwerkranker Steinmetz, der aus den Nöten des Lebens heraus nicht mehr an einen ›guten‹ Gott glauben konnte, hatte seinen Pfarrer vom Krankenlager fortverwiesen. Auf Bitten des Pfarrers suchte Wittig den Schwerkranken in seiner Wohnung auf und sagte ihm u. a. folgendes: Sie haben den Glauben »wie ein zartes, weiches, schwaches Christkindlein auf Ihre Schultern genommen. Hopsassa, haben Sie gesagt, den bring ich schon durchs Leben! Ja Quarkspitze! Das Christkindlein wurde immer schwerer zu ertragen und als das Wasser immer tiefer wurde und als der Strudel kam, wo alles sich um Ihre Beine und in Ihrem Kopfe drehte, da haben Sie …« – nun der Kranke: »Da habe ich das Kindel ins Wasser geschmissen! O ich elender Christophorus!« Darauf Wittig: »Nein, Sie sind in ihrem Denken einstweilen nur so weit gekommen, daß es kaum menschenmöglich ist, diese Last zu ertragen. Der heilige Christophorus war ja ein wenig schneller im Denken als Sie. Er sagte sich: Gerade weil das Kindlein auf meiner Schulter gar so schwer drückt, muß es am Ende etwas Göttliches sein. Denn was man ertragen und verstehen kann, mit dem ist's nicht weit her.« Der Steinmetz: »Ja, ich kann's halt nicht glauben, daß es einen guten Gott gibt. Das ist eine Unwahrheit, und unter einer Unwahrheit wäre auch der heilige Christophorus zusammengebrochen.« – Nun folgt Wittigs entscheidende Antwort: »Oder er hätte die Unwahrheit abgeworfen und Gott weitergetragen. Werfen Sie doch weg, was Ihnen an der Lehre vom guten Gott falsch erscheint, und nehmen Sie Gott, wie er ist. Er wäre

[39] Ebd.

ja gar nicht Gott, wenn er gut nach Ihrem Sinne und nach Ihrem Verständnis wäre, und wenn Sie bestimmen und fordern könnten, wie gut er sein müsse. Sie, mit ihm ist nicht gut spielen! Er hat die Löwen und Tiger geschaffen und alle ihre Wut und Grausamkeit. Sie werden ihn lassen müssen, wie er ist! Malen und meißeln kann man ihn, wie man sich ihn denkt, aber sein muß man ihn lassen und glauben muß man an ihn, wie er ist, ob er nun nach *unserem* Verständnis und nach *unserer* Ausdrucksweise ›gut‹ oder ›böse‹ ist. Beides ist er nicht nach Menschenart. Werfen Sie einmal das ganze Nachdenken über ›gut‹ und ›böse‹ weg und ertragen Sie Gott, wie er ist!«[40] – Erschütternd endet dann das Gespräch zwischen Wittig und dem Schwerkranken. Wittig sagt zu ihm: »Sagen Sie das Jawort! Sie brauchen nicht zu sagen: Gott ist gut! Sie brauchen nur zu sagen: Ja, o Gott … Ja … o … Gott!«[41]

Joseph Wittig half diesem Menschen, Tröstung und Halt zu finden in Gott. Von Not und Leid erschütterte Menschen müssen nicht gegen alles, was ihnen ihr Herz sagt, bekennen, Gott sei gut. Vielleicht aber finden sie Halt in dem bloßen: »Ja, Gott, Du bist, und daß Du bist, das ist gut.« Und vielleicht kommt es sogar wieder einmal so weit, daß sie sagen können: »Du bist nicht nur, und nicht nur dies ist gut – sondern: Du bist gut in all Deinen Taten und Zulassungen, aber *anders gut und viel mehr gut*, als wir Menschen dies mit dem Wort ›gut‹ von Dir auszusagen imstande sind.« So gesehen wird die Gutheit und Güte Gottes das, was wir nach unseren moralisch höchsten und universalsten Maßstäben unter ›gut‹ verstehen, nicht unterschreiten, sondern vielmehr überschreiten (vgl. Mt 20,14f).

[40] Ebd. 159–161. Vgl. ähnlich Marie Noël, Erfahrungen mit Gott (s. o. III Anm.37), 23: Auch Christus habe Gott ausgehalten im Ölgarten in der Stunde der Finsternis; es sei eben »das, was wir gut nennen, unser Gut«, und »vielleicht ist unser Böses sein Gutes für Ihn. Und vielleicht ist alles gut, wenn Er es ansieht«.

[41] Wittig, Das neue Antlitz, 164.

3. Abschied von der Verstehbarkeit? Unbegreiflichkeit Gottes, atheistische Kritik und der Sinn von Verstehensversuchen

Bleibt, wenn man an Gott, seiner Allmacht und seiner Güte festhält, angesichts des maßlosen Leidens in der Welt nur die Kapitulation vor der Unbegreiflichkeit Gottes? Oder gibt es doch ein Verstehen?

a) Gegen alles – vermeintliche – Bescheidwissen über Gott müssen wir zunächst an die tiefe Einsicht des Anselm von Canterbury (1033–1109) erinnern, wonach wir mit Gott jenes übergegenständliche, unendliche Wesen meinen, »über das hinaus nichts Größeres gedacht werden kann«, ja mehr und tiefer noch: »etwas Größeres, als gedacht werden kann«[42]. Obwohl dieses Größere inmitten der Welt anwest, ist es über alles Weltliche, also auch über unser Begreifen hinaus unendlich erhaben. Augustinus hatte dies prägnant so in Worte gefaßt: »Wenn du's begreifst, dann ist es nicht Gott; wenn du begreifen konntest, so hast du etwas anderes für Gott gehalten ..., dich durch dein Denken täuschen lassen«[43].

Auf dieser Linie hat Karl Rahner (1904–1984) versucht, die Unbegreiflichkeit des Leids der Kreatur als »ein Stück der Unbegreiflichkeit Gottes« selbst zu sehen. Gott sei (1) unbegreiflich »in seinem Wesen«, weil wir trotz der Fürchterlichkeit, ja Amoralität vieler Leiden »die reine Güte Gottes zu bekennen haben, die aber eben nicht vor unserem Tribunal freigesprochen werden muß«. Und Gott sei (2) unbegreiflich »in seiner Freiheit, weil gerade sie, wenn sie das Leid der Kreatur will[44], ... unbegreiflich ist«. Die liebende »Annahme Gottes als des unverfügbaren

[42] Anselm von Canterbury, Proslogion 2 bzw. 15.

[43] Augustinus, Sermo 52,6,16.

[44] Rahners Aussage, daß Gott das Leid der Kreatur »will«, ist nicht zwingend, ebensowenig wie Rahners entsprechende Aussage, daß Gott, wenn er die menschliche Freiheit als Freiheit setzt, sie »als gute oder als böse Freiheit« setze (so K. Rahner, Grundkurs des Glaubens, Freiburg 1976, 112). Vielmehr läßt er dem Menschen seinen freien Willen und trägt ihn, ob er sich nun zum Guten oder Bösen entscheidet, also eben auch dann noch, wenn er

Geheimnisses« und die »schweigende Annahme der Unerklärlichkeit und Unbeantwortbarkeit des Leides« seien »derselbe Vorgang«[45]. Wo diese Annahme nicht vollbracht werde, »bleibt nur die nackte Verzweiflung über die Absurdität unseres Leidens, die eigentlich die einzige Form des Atheismus ist, die man ernstnehmen muß.« Es gebe kein Licht, das die finstere Abgründigkeit des Leides erhellt, als Gott selbst.[46]

Ähnlich wie Rahner sind viele Theologen der Meinung, daß es zumindest im gegenwärtigen Dasein keine befriedigende Erklärung dafür gibt, warum wir (und andere Geschöpfe) leiden müssen. Das Leid und das Böse seien ein Geheimnis (mysterium iniquitatis). Eine theoretische Antwort auf das Theodizeeproblem gebe es deswegen nicht, wir müßten warten auf die Theodizee durch Gott selbst. Manche gehen so weit zu sagen, alle Verstehensversuche seien von vornherein ein aussichtsloses Unterfangen und zum Scheitern verurteilt, plädieren also für eine radikale Rückführung in das unverstehbare Geheimnis (reductio in mysterium).

b) Heutige *atheistische Religionskritiker* wie Günther Streminger oder Bernward Gesang[47] sehen in solchem Rückzug aufs unbegreifliche Geheimnis eine »Immunisierungstrategie des Glaubens« am Werk: Weil ein allmächtiger und allgütiger Gott mit dem Leid in der Welt sich rational nicht vereinbaren lasse, ziehe sich der Glaube,

sich zum Bösen entscheidet. »Et hoc est bonum« (Thomas von Aquin, S.th. I q.19 a.10 ad 3).

[45] K. Rahner, Warum läßt Gott uns leiden? in: ders., Schriften zur Theologie Bd. 14, Zürich 1980, 250–266, hier 263f.

[46] Ebd. 264f.

[47] B. Gesang, Angeklagt Gott. Über den Versuch, vom Leiden in der Welt auf die Wahrheit des Atheismus zu schließen, Tübingen 1997; G. Streminger, Gottes Güte und die Übel der Welt. Das Theodizeeproblem, Tübingen 1992; beide im Anschluß an den Kritischen Rationalismus von Hans Albert. – Eine subtile Kritik an Streminger, der das ganze, längst bekannte und entkräftete Arsenal der Christentumskritik nochmals auffährt, findet sich bei G. Neuhaus, Menschliche Identität angesichts des Leidens, in: G. Fuchs (Hg.), Angesichts des Leids an Gott glauben? Zur Theologie der Klage, Frankfurt a. M. 1996, 31–40.

wenn ihm die Argumente ausgehen, hinter die Grenzen der Vernunft ins rational Unbegreifliche zurück, während er oft gleichzeitig rationale Argumente beanspruche, um die Existenz Gottes zu belegen.[48] Dem Atheisten, der Gott auf die engen Maße seines kleinen räsonnierenden Gehirns beschränkt, muß der Gläubige daher als widersprüchlich und irrational, als unbelehrbar und stur erscheinen, wenn er das Leidproblem als unlösbar betrachtet, gleichzeitig aber weiterhin am Glauben an einen Gott als Schöpfer einer Welt voller Leid festhält (als ob für den Atheisten das Leidproblem lösbar wäre).

[48] So Gesang, Angeklagt Gott, 100f., im Anschluß an H. Albert, Traktat über kritische Vernunft, Tübingen [4]1980, 104ff. – Wie schon der Akeptiker Sextus Empiricus (um 150 n. Chr.) will Streminger mit logischer Konsequenz die Nichtexistenz Gottes beweisen: »1. Wenn der christliche Gott existiert, so weiß er aufgrund seiner Allwissenheit um die Existenz von Übeln. 2. Aufgrund seiner Allmacht *kann er sie verhindern.* 3. *Aus der Existenz Gottes folgt die Nicht-Existenz von Übeln und aus der Existenz von Übeln die Nicht-Existenz Gottes.* 4. Es gibt Übel. *Also* existiert der christliche Gott nicht« (Streminger, Gottes Güte, 13; ich habe, was hier problematisch und nicht schlüssig ist, kursiv gesetzt). Doch die scheinbare logische Konsequenz erweist sich als Täuschung, die Argumentation ist zirkulär: Die Nicht-Existenz Gottes wird nämlich nicht erst, wie die Argumentation vorgibt, aus der Existenz der Übel in der Welt abgeleitet, sondern sie wird, damit die (überdies nicht schlüssige) negative Argumentation überhaupt erst in Gang kommen kann, schon vorausgesetzt (vgl. das einleitende »Wenn«); die Existenz Gottes wird bereits in der Anlage des Gedankens geleugnet! Dieselbe logische Schwierigkeit gilt natürlich umgekehrt auch für den positiven Gottesbeweis, der eben, damit die Argumentation in Gang kommen kann, die Existenz Gottes schon voraussetzt. Doch anders als bei Streminger wird etwa bei Anselm von Canterbury oder bei Thomas von Aquin diese notwendige Zirkularität des Gedankens bereits reflektiert, weshalb hier auch gar nicht beansprucht wird, einen Beweis im strengen neuzeitlichen Sinne zu liefern (Thomas spricht präzise von »Wegen« der Erkenntnis zu Gott im Sinne einer »begründeten Einladung zum Glauben«: W. Kasper, Der Gott Jesu Christi, Mainz 1982, 132). Sowohl die theoretischen Versuche einer Widerlegung Gottes wie umgekehrt die Versuche einer Demonstration seiner Existenz laufen deshalb – für den, der sich außerhalb ihres Ursprungshorizontes stellt – letztlich ins Leere: »Beide Gedankengänge sind nur für den überzeugend, der ihre Prämissen teilt. Die Frage nach der Existenz Gottes ist … letztlich keine theoretisch beantwortbare Frage, insofern ihre positive oder negative Antwort in jeder theoretischen Entfaltung immer schon vorausgesetzt wird« (W. Schoberth, Gottes Allmacht und das Leiden, in: W. H. Ritter u. a., Der Allmächtige, Göttingen 1997, 49f.). Sie ist eine irreduzibel existentielle Frage, die im Ganzen des Lebens beantwortet wird.

Daß der Gläubige dies tut, ist in der Tat sein Widerspruch und seine Aporie, seine Verlegenheit und Ratlosigkeit. Die Frage ist nur, ob dies wirklich irrational ist. Was nämlich, wenn der Gläubige Gott gerade *gegen* das Leid setzt und ihn mit diesem gar nicht vereinbaren *will*?

c) Im Gegenzug und zugleich in eigentümlicher Strukturanalogie zu dieser theoretischen Destruktion des Gottesglaubens hat unter den zeitgenössischen Theologen Armin Kreiner den Versuch unternommen, rein theoretisch die Vereinbarkeit von Gott und Leid aufzuzeigen. Auch Kreiner kritisiert den theologischen Rückzug in die unbegreifliche Geheimnishaftigkeit Gottes als theoretische Kapitulation vor der intellektuellen Herausforderung der Theodizeefrage. »Die Beantwortung von weder falsch noch anmaßend gestellten Fragen läßt sich auf Dauer nicht glaubwürdig durch die Berufung auf die Geheimnishaftigkeit Gottes verweigern.«[49] Darin hat Kreiner zweifellos recht. Und so will er – in einem kohärenten Aussagezusammenhang (mit den Hauptargumenten free-will-defence und Keine-bessere-Welt-Hypothese[50]) – die *Nicht*widersprüchlichkeit der Erfahrung von Übel und Leid einerseits und des Glaubens an einen allmächtigen und sittlich vollkommenen Gott andererseits dartun, weil auch für ihn der nicht gelöste Widerspruch in der Theodizeefrage das Schicksal des Glaubens besiegeln würde. Ein Denken in Widersprüchen ist für Kreiner generell unzulässig, er sucht deshalb eine strikt rationale Theodizee als Lösung.

Die Frage ist aber, ob dies (1) der Wirklichkeit des immer ganz konkreten Leidens und (2) der religiösen Option auf Gott überhaupt angemessen ist. Gewiß muß, weil es ohne Verstehen keinen intellektuell redlichen Glauben gibt, zu *verstehen* versucht werden, aber die Aporie liegt darin, daß das Verstehen sich hier an etwas annähert, was sich *letztlich* nicht verstehen läßt: Alles Verstehen bricht sich sowohl vor dem Leidproblem, das in seiner Konkretheit letztlich unfaßbar bleibt, als auch vor

[49] A. Kreiner, Gott im Leid (s. o. II Anm. 3), 68.
[50] Siehe dazu unten Teil V.1

dem Gottesgedanken, der – infolge der kreatürlichen Differenz – allem menschlichen Verstehen Schranken setzt.

Unser Verstehen bleibt somit ein aporetischer (= ausweglosser, ratloser) Versuch, der bis zum äußersten Punkt der Fragbarkeit und Denkbarkeit vorzudringen vermag, wo Gott – und zwar auch der in Christus offenbarte und inkarnierte Gott – erst vollends als das unausdenkbar absolute Geheimnis aufscheint, an dem das eigene Denken notwendig scheitern muß, aber so, daß das Denken genau dies noch einmal rational einsehen kann, also verstehen kann, *daß* und *warum* es an diesem unendlichen Geheimnis zuletzt scheitern muß (und den Weg zur existentiellen Anheimgabe an dieses Geheimnis freigeben muß).

Der Rückgang auf das Geheimnis (die reductio in mysterium) ist also keineswegs irrational, sondern Komponente eines streng rationalen Versuchs, der die äußersten Möglichkeiten der endlichen Vernunft auszuschöpfen sucht und der zugleich selbstkritisch – der Versuchung zur Selbstüberhebung der Rationalität widerstehend – die Perspektivität und Begrenztheit unserer Erkenntnisbemühungen eingesteht[51]: Der endlichen Vernunft »empirische Erkenntnis ist unabgeschlossen und offen, aber sie denkt notwendig die Idee des Unbedingten. Ihre Grundstruktur ist die einer limitativen Opposition, d. h. was immer von ihr realisiert und als geistiges Gebilde hervorgebracht wird, ist bestimmt durch den Gegensatz von Endlichkeit und Unendlichkeit, Bedingtheit und Unbedingtheit. *Wir sind des Unbedingten nicht erkenntnismäßig mächtig; zugleich ist das Unbedingte ein notwendiger Gedanke*«[52].

d) Das Festhalten an einem Gott als unbedingtem Urgrund der Welt ist daher, trotz des Leids in der Schöpfung, nicht irrational, sondern durchaus konsistent und rational. Das kann auch unter anderem schon folgende

[51] So mit Recht G. M. Hoff, Ist die ›reductio in mysterium‹ irrational? Zu A. Kreiners Quaestio Disputata, in: ZkTh 121 (1999) 159–176.

[52] H. M. Baumgartner, Endliche Vernunft. Zur Verständigung der Philosophie über sich selbst, Bonn – Berlin 1991, 208 (kursiv von mir).

fragende Überlegung zeigen: Woher kommen wir? Nur aus der Evolution des Kosmos? Aber wie soll denn der evolutive Kosmos von sich aus, aus eigenen Möglichkeiten, ein derartiges Wesen wie uns Menschen hervorbringen, das doch Natur und Kosmos selbst nochmals hinterfragen, über sie hinausdenken, sie also übersteigen kann? Wir Menschen können ja doch die Idee des Ganzen der Wirklichkeit fassen, wir können diesem Ganzen, dem wir selbst angehören, in geistig-reflexiver Weise gegenübertreten, und wir können auch die Frage nach einem letzten, zureichenden (Ur-) Grund dieses Ganzen aufwerfen, ohne den nichts ist, nichts vor und nichts nach dem Urknall, die Frage nach dem Unbedingten, das alle bedingte Wirklichkeit bedingt und sie unbedingt angeht. Und zugleich wissen wir, daß wir selbst endlich sind, daß all unser Erkenntnisbemühen begrenzt, perspektivisch (eine ›Froschperspektive‹) und unabschließbar ist, daß also diese schöne und doch auch so leidvolle Welt im ganzen, erst recht aber ihr absoluter Urgrund, für uns unausdenkbar bleibt.

Der Mensch, der glauben will, hält, obwohl das Leidproblem theoretisch nicht voll lösbar ist, an Gott als dem Schöpfer dieser Welt, in der es – ganz unakzeptierbares – abgrundtiefes Leiden gibt, fest. Es kann – gegen Kreiner – nicht darum gehen, die Kontradiktion zwischen Gott und Übel zu *beseitigen*, so daß beide im Begreifen (in einem vollständigen Begreifen) koexistieren könnten. Der Widerspruch zwischen Gott und Übel/Leid muß vielmehr scharf gedacht und *aufrecht erhalten* werden.

Dennoch sieht Kreiner etwas Richtiges, wenn er sagt, die immer nur hypothetischen Verstehensversuche müßten zumindest so weit reichen, daß die verbleibende Unbegreiflichkeit des Leids dem Glauben an Gott nicht entscheidend widerspricht.[53] Wenn nämlich die Welt Schöpfung Gottes und die menschliche Vernunft Gabe Gottes ist und – nach katholischem Verständnis[54] – Glau-

[53] Kreiner, Gott im Leid, 78.

[54] Vgl. diesbezüglich bündig zusammenfassend das Erste Vatikanische Konzil (1870): Wenn Gott der Schöpfer auch der Vernunft ist, dann »kann es zwischen Glaube und Vernunft keinen wahren Dissenz geben«; der (Offen-

be und Vernunft nicht grundsätzlich in Widerspruch sein können, vielmehr das zu Glaubende das vernünftig zu Verstehende nur noch übersteigen (aber nicht unterbieten) kann, dann ist Glaube intellektuell verstehend zu verantworten. Und dann ist *Minimalbedingung* für solche intellektuell verstehende Verantwortung der beständige Versuch der *Annäherung an ein Verstehen*, selbst wenn dieses am zu Verstehenden letztlich sich bricht und aporetisch bleibt.

Eine reine Beschränkung auf Klage und auf religiöspraktische Leidbewältigung ist deswegen unmöglich, weil auch diese wenigstens ein annäherndes Verstehen voraussetzt. Denn zum einen soll diese Praxis ja Gott angemessen sein, setzt also eine gewisse Vertrautheit mit Gott und damit bestimmte Vorstellungen von Gott voraus (z. B. daß er nicht eine blinde oder bösartige Macht, sondern gütig und treu ist). Zum andern aber gibt es ja sehr unterschiedliche Weisen, mit eigenem und fremdem Leiden praktisch umzugehen: geduldiges Ertragen ungerechter Behandlung, bewußte Leidsuche und Selbstpeinigung, Leidbekämpfung. Hinter jeder dieser Praxen steht eine je unterschiedliche Weise, das Leid zu verstehen: als gerechte Strafe für Sünden (dann muß man das Leid geduldig akzeptieren), als Mittel zur Sühne (dann wird man Leid bewußt suchen bis hin zur Selbstpeinigung), als von Gott nicht Gewolltes (dann muß man gegen das Leid ankämpfen). Eine verantwortete Praxis des Glaubens im eigenen Leid und angesichts fremden Leids darf deshalb die Frage nach dem Verständnis Gottes und nach dem Sinn des Leids nicht unterdrücken; sie bedarf vielmehr der beständigen Versuche, zu verstehen, mögen diesen noch so sehr Grenzen gezogen sein.

Diese wenigstens annähernden, letztlich aporetisch bleibenden Verstehensansätze können allerdings nicht aus der rein theoretischen Distanz des reservierten Betrachters

barungs-)Glaube kann dann die Vernunft nur noch übersteigen (DS 3017). Der Glaube muß dann nicht blind geglaubt werden, er kann durch Argumente der Vernunft einsichtig gemacht werden.

gelingen, sondern nur aus einer dem Absoluten angemessenen Haltung des existentiellen Offenseins, des Unbedingt-Angegangenseins und Selbst-Involviertseins – komme dieses Offensein für das Andere nun aus existentiellem (Welt-)Vertrauen oder aus zweifelnd-haderndem Protest. Das bedeutet aber: Solch fragend-annäherndes (und dennoch am Unbegreiflichen zuletzt scheiterndes, deshalb klagend auf volles Verstehen hoffendes) anfängliches Verstehen entspringt einer im Leben selber getroffenen *Option*, einer Grundeinstellung zur Wirklichkeit und dem immer neuen Versuch einer entsprechenden Lebens*praxis*, es begleitet sie und es führt erneut in sie hinein. Von solcher Option für Gott her wird das Leben selber zum Experiment, in dem sich diese Option zu bewähren hat, praktisch und in bruchstückhaftem Verstehen.

V. Bruchstücke von Verstehen und auszuhaltende, offene Fragen

Blicken wir zunächst kurz zurück. Die traditionellen Theodizeen (Teil II), die modernen Reduktionen auf den Menschen bzw. auf die evolutive Natur (Teil III), die neuen Versuche einer Entschärfung der Theodizeefrage durch Preisgabe der Allmacht oder der Güte Gottes oder allen Verstehens (Teil IV): All diese Lösungstypen des Theodizee*problems* halten, wie sich zeigte, weder dem Abgrund der Leiden in der Schöpfung noch dem Ernst und der Eigenlogik des biblischen Gottesglaubens stand. Der Glaube an die Güte Gottes und ihre Macht *ist* mit dem *Status* der – so schönen und doch so leidvollen – Welt nicht vereinbar; das Leid ist nicht befriedigend erklärbar, das Theodizeeproblem theoretisch nicht wirklich lösbar.

Daraus kann, wer am Gottesglauben festhalten will, nur die Schlußfolgerung ziehen: Keine vorschnelle – bloß mentale oder innerliche – Versöhnung Gottes mit dem realen Elend, da sie beides, das Elend und Gott, verharmlost! Stattdessen ergibt sich als neue Fragestellung: Wie kann der lebendige Gott und das Leiden seiner Geschöpfe gleichermaßen ernst genommen (nicht: vereinbart!) werden? Und als Aufgabe für die Hermeneutik des Glaubens, die Theologie, ergibt sich: Nicht Entschärfung oder Still-Stellung, sondern Offenhalten und Aushalten der Theodizee*frage*!

Wir versuchen in diesem letzten Teil, die als wertvoll erkannten Aspekte aufzunehmen, sie durch Aspekte aus der heutigen Theologie zu ergänzen, dabei auch neue Akzente zu setzen und die Perspektiven zu verändern, um so Annäherungen an ein Verstehen zu ermöglichen, Annäherungen, die, obgleich – oder gerade weil – sie immer wieder unbefriedigend bleiben und in unbeantwortete Fragen münden, im Leben, Handeln, Leiden und Sterben eine Orientierung geben könnten.

1. Naturübel und Böses – unvermeidlich um der menschlichen Freiheit und Liebe willen? (Natural-law- und free-will-defence)

Warum läßt Gott die Übel in der Welt zu? Auf diese Frage gab man in der Tradition häufig die Antwort: Die Übel sind unvermeidliche Mittel zur Erreichung guter Zwecke. Vor allem in neuerer angelsächsischer Religionsphilosophie wird diese Antwort weiter ausgearbeitet: Natürliche Übel seien *notwendige* Bedingung menschlicher Freiheit (»natural law defence«[1]); und mit solcher Freiheit sei auch die Möglichkeit ihres Mißbrauchs gegeben, moralische Übel seien also zwar nicht notwendige, aber *mögliche* Folgen menschlicher Entscheidungsfreiheit, die ein hohes, in sich wertvolles Gut darstelle (»free will defence«[2]; »higher order good defence«). Wie weit tragen diese Versuche, wo liegen ihre Grenzen?

a) Die heutigen Naturwissenschaften zeigen uns das Bild eines indeterminiert evolvierenden Universums, das – nach unvorstellbar langen Zeiträumen und quantitativ riesigen Entfaltungen[3] – allmählich auf dem kleinen blauen

[1] Die Wortprägung »natural law defence« stammt von O. Wiertz, Das Problem des Übels in Richard Swinburnes Religionsphilosophie, in: ThPh 71 (1996) 224–256, hier 233. Die Sache findet sich bei R. Swinburne, Die Existenz Gottes, Stuttgart 1987; ders., Knowledge from Experience, and the Problem of Evil, in: W. J. Abraham – S. W. Holtzer (Hg.), The Rationality of Religious Belief, Oxford 1987, 141–167, bes. 151–161.

[2] Vgl. v. a. A. Plantinga, The Free Will Defence, in: M. Black (Hg.), Philosophy in America, London 1965, 204–220, und R. Swinburne, The Free Will Defence, in: M. M. Olivetti (Hg.), Teodicea oggi? Padua 1988, 585–596; mehr im Sinne des christlichen Zentralmodells der Liebe Gottes und des Menschen gewendet V. Brümmer, Moral Sensitivity and the Free Will Defence, in: NZSThRph 29 (1987) 86–100; bes. 93–99; ders., Speaking of a Personal God. An Essay in Philosophical Theology, Cambridge 1992, bes. 139–145; sachlich ähnlich G. Greshake, Der Preis der Liebe. Besinnung über das Leid, Freiburg 1978 (überarb. Auflage: Wenn Leid mein Leben lähmt. Leiden – Preis der Liebe? Freiburg 1992).

[3] Einige Andeutungen zu den gewaltigen zeitlichen und räumlichen Tiefen des sich ausdehnenden Kosmos: der erdnächste Fixstern ist 4,3 Lichtjahre (= ca 387 Billionen km) entfernt; die Ausdehnung allein der Milchstraße beträgt 120 000 Lichtjahre (= ca 9 Trillionen km), und es gibt viele der Milchstraße vergleichbare Galaxien oder Sternenhaufen.

Planeten Erde Leben hervorbringt, Lebewesen mit zunehmender innerer Autonomie gegenüber ihrer Umwelt[4], und schließlich den Menschen mit Vernunft und Willensfreiheit: ein *Staubkorn* nur im riesigen Kosmos, aber – ein Staubkorn *mit Geist*, der über all dies Riesige hinausfragen, sich überallhin versetzen kann und der vor allem zu lieben vermag. Riesige Ausdehnungen und Quantitäten also – wofür? Um einer quantitativ gesehen geringfügigen, scheinbar bedeutungslosen Qualität willen?[5] Kommt es vielleicht doch nicht auf die größten Quantitäten an?

Diese kleine Erde und auf ihr Leben und ein Lebewesen mit Entscheidungsfreiheit und Liebesfähigkeit hervorzubringen, wäre nun aber nicht möglich gewesen, wenn im evolutiven Prozeß nicht einerseits (1) gesetzlich-regelhafte Abläufe, also Naturgesetze, sich herausgebildet hätten und wenn nicht andererseits (2) die Kräfte der Evolution zugleich relativ freies Spiel hätten, die Evolution also relativ undeterminiert wäre.

(1) Nur weil es Regelmäßigkeiten (Naturgesetze) – und nicht ein reines Chaos – gibt, können sich überhaupt einigermaßen dauerhafte physikalische und organismische Strukturen entwickeln, und nur dann können wir Menschen die Auswirkungen unserer Handlungen absehen, also auch für sie verantwortlich sein. Eine Welt mit menschlicher Willensfreiheit (und mit sittlich-personaler

[4] Dazu J. Bereiter-Hahn, Biologische Vorbedingungen für die Ermöglichung freier Willensentscheidungen, in: H. Kessler-G. Fuchs (Hg.), Gott, der Kosmos und die Freiheit. Biologie, Philosophie und Theologie im Gespräch, Würzburg 1996, 31–56; vgl. auch die diesbezügliche Zusammenfassung ebd. 193f.

[5] Physiker sprechen von der »Feinabstimmung« (fine-tuning) in den frühesten Entwicklungsmomenten unseres Universums, wo sich die bis heute geltenden Naturkonstanten/-gesetze herausgebildet haben: Hätte sich auch nur eine dieser Naturkonstanten (Expansionsgeschwindigkeit, Gravitationskonstante, Coulombkonstante usw. usw.) geringfügig anders eingependelt, als sie es faktisch tat, so hätte im Universum nie Leben entstehen können. Die Wahrscheinlichkeit des Zusammenkommens all dieser Faktoren mit diesen Werten zu dieser Konstellation wird von Physikern mit 10^{-80} angegeben, eine extreme Unwahrscheinlichkeit also. Wer will, kann darin die fügende Hand Gottes sehen – und diese Deutung ist wahrscheinlicher als ihr Gegenteil (als die Annahme einer Nichtexistenz Gottes)!

Reifung zu freier Entscheidung für das Gute, mit Nächstenliebe, Verantwortlichkeit usw.) ist nur unter konstant bleibenden und nicht – jedenfalls nicht häufig – durchbrochenen Naturgesetzen möglich, die, weil regelmäßig und verläßlich, die Folgen unserer Handlungen in etwa absehbar und so Willensfreiheit und Verantwortung erst möglich machen. Dieselben Naturgesetze begrenzen aber andererseits auch unsere Freiheit, bedrohen sie mit Zerfall und Tod und erzeugen somit Leid.

(2) Die Evolution ist ein nicht strikt determinierter Prozeß. Sie tastet sich voran, probiert viele Wege aus und gibt viele dieser Wege als Sackgassen wieder auf. In diesem relativ freien Spiel der Kräfte entstehen außer Wohltaten unvermeidlich auch physische Übel, die uns schaden und Leid verursachen (Naturkatastrophen wie Erdbeben, Stürme, Flutwellen usw., viele Krankheiten wie Krebs, Lepra, Malaria usw., genetische Fehlbildungen und Störungen, Unfälle usw.)[6]. Wäre es anders, wäre der Evolutionsprozeß Schritt für Schritt mechanistisch determiniert, so könnten aus diesem Prozeß niemals Lebewesen mit zunehmender Autonomie und schließlich der Mensch mit Willensfreiheit hervorgehen. Vielmehr wären dann alle Lebewesen in ihrem Verhalten restlos determiniert, der Mensch wäre daher unfähig, sich selbst zu bestimmen und andere zu lieben (er wäre wie eine passive, mechanische Puppe an manipulierten Fäden). Nur in einem evolutionären Prozeß, der nicht strikt determiniert ist, in dem also alles Mögliche auch schiefgehen kann (und es immer Schmerzen, Leiden, Übel geben wird), können auch Freiheit und Liebe auftreten.

Natürliche Übel, Leiden, Schmerzen und Tod sind also offenbar der unvermeidliche Preis für höher organisiertes – überhaupt erst zu Empfindungen wie Freude und Leid fähiges – Leben[7], und überdies ist zumindest die *Möglich-*

[6] Vgl. hierzu T. Anders, The Evolution of Evil. An Inquiry into the Ultimate Origins of Human Suffering, Chicago – La Salle 1994.

[7] Vgl. dazu in: H. Kessler (Hg.), Leben durch Zerstörung? Über das Leiden in der Schöpfung. Ein Gespräch der Wissenschaften, Würzburg 2000, die folgenden drei Beiträge: J. Bereiter-Hahn, Tod und Zerstörung. Kann es eine

keit des moralischen Übels, des Leid verursachenden Bösen, der unausweichliche Preis für spezifisch menschliches Leben, das sich frei für das Gute (oder eben auch für das Böse) entscheiden und das lieben (oder eben auch hassen) kann.

b) Viele Religionen, gerade auch die biblischen, gehen von der in Erfahrungen begründeten Grundüberzeugung aus, daß ein Gott der Urgrund (Schöpfer) des Universums ist. Obwohl vieles für sie spricht, ist diese Grundannahme doch nicht definitiv beweisbar; sie bleibt daher bestreitbar, ist aber auch nicht begründet ausschließbar. Sie bedeutet eine grundlegende weltanschauliche Option, die neben anderen oder gegen andere Optionen steht.[8] Wenn also nach dieser Grundüberzeugung eine letzte Wirklichkeit (»Gott«) der Urgrund dieses – nicht-determiniert sich auf Leben und Freiheit hin entwickelnden – Universums ist, dann nimmt diese letzte Wirklichkeit um dieses Universums, um des autonom Lebendigen und der menschlichen Freiheit willen die Übel in Kauf.

Nach biblisch-christlicher Überzeugung will Gott das Leid und das Böse absolut nicht. Aber wenn er den Kosmos als eigendynamisch werdenden und die Menschen als freie Subjekte will (mit dem Ziel der freien Gemeinschaft der Liebe unter ihnen und mit sich), dann impliziert diese Freilassung auch zweierlei:

(1) Erstens vermag dann alles Geschaffene Wege zu beschreiten, die ihm nicht deterministisch von Gott vorgezeichnet sind. Schon die vormenschliche Natur geht

Biologie des Leids geben?; C. Kummer, Organisation und Destruktivität. Überlegungen zu W. F. Gutmanns Begriff der Autodestruktion; K. Köchy, Die Einheit des Individuums und seine Destruktion. Ein philosophisches und lebenswissenschaftliches Problem.

[8] Vgl. hierzu H. Kessler, Gott, der kosmische Prozeß und die Freiheit, in: ders. – G. Fuchs (Hg.), Gott, der Kosmos und die Freiheit, Würzburg 1996, 189–232, bes. 189–199; ders., ›Schweigen müssen wir oft; es fehlen heilige Namen‹ (Hölderlin). Zur Hermeneutik trinitarischer Rede, in: J. Beutler – E. Kunz (Hg.), Heute von Gott reden, Würzburg 1998, 97–124; ders., Art. Schöpfung (Theologiegeschichtlich; Systematisch), in: LThK[3] Bd. 9, Freiburg 2000.

dann auch Wege, die nicht immer die gottgewollten Wege sein müssen: eben die Wege, Umwege und Abwege einer in ihre Eigendynamik hinein freigesetzten Werde-Welt. Längst nicht alles, was ›die Natur tut‹, muß von Gott intendiert sein und ist ›der Wille Gottes‹.[9] Es bedarf nicht der Zusatzannahme gefallener Engelwesen, um Zecken, Flöhe, Malaria-Viren, Fehlbildungen, Unglücksfälle, Flutkatastrophen usw. als *nicht* von Gott erzeugt zu betrachten.[10] Das sind vielmehr die Wege der evolvierenden Natur selbst.

(2) Zweitens impliziert diese Freilassung die Möglichkeit von spezifisch menschlichem Freiheitsmißbrauch, von schöpfungs- und schöpferwidrigem Handeln, also von Bösem und daraus erwachsendem Leid. Gott, wenn er Schöpfer einer sich selbst entfaltenden Welt sein will, muß – mit logischer Notwendigkeit – diese Übel als unvermeidliche Begleiterscheinungen hinnehmen (»zulassen«, oder besser: »aushalten«, »ertragen«; dazu unten bei 2.).

Wenn er der Urgrund (Schöpfer) der Welt ist und damit diese Übel hinnimmt, dann bewertet er offenbar die innere Autonomie und Freiheit als Ergebnis der Evolution höher als diese Übel. Dann sind ihm Geschöpfe, die Lust und Leid empfinden, ja die in Freiheit die anderen Geschöpfe und ihn selbst *lieben können*, ein unschätzbar hohes Gut, ja alles wert.[11] (Sie sind ihm dann so unfaßbar wichtig, daß er sich selbst nicht von den riskierten Folgen ausnimmt, vielmehr selber das Leiden auf sich nimmt, so

[9] Dazu H. Kessler, Gott, der kosmische Prozeß und die Freiheit (s. o. V Anm. 8), 225f.

[10] Gegen die oben in II.3c dargestellte Ansicht von C. S. Lewis und von L. Oeing-Hanhoff, aber auch gegen die oben III Anm. 43 zitierte Auffassung von Fritz Zorn.

[11] In diesem Sinne äußern sich z. B. J. Hick, Evil and the God of Love, London 1966 (^{3}1985); G. Greshake, Der Preis der Liebe, Freiburg 1978; R. Swinburne, The Free Will Defence (s. o. V Anm. 2), und ders., Theodicy, Our Well-Being, and God's Rights, in: International Journal for Philosophy of Religion 38 (1995) 75–91; A. Kreiner, Gott und das Leid, bzw. ders., Gott im Leid (s. o. II Anm. 3); K. Schmitz-Moormann, Materie-Leben-Geist. Evolution als Schöpfung Gottes, Mainz 1997, 146–154 (der Untertitel »Evolution als Schöpfung Gottes« erweist sich indes nach dem von uns Dargelegten als problematisch).

daß die Kreaturen nicht allein den Preis bezahlen; dazu unten bei 2.).

Nun haben Vincent Brümmer und Oliver Wiertz darauf hingewiesen, daß der Rekurs auf die (Willens-) *Freiheit* zu kurz greift.[12] Nach christlichem Verständnis sei nämlich *Liebe* der Begriff, der am besten und tiefsten Gott charakterisiert. Gott schaffe die Menschen dazu, daß sie seine Liebe erwidern, ihm gegenüber und untereinander. Liebende Beziehung aber setzt Freiwilligkeit voraus und läßt sich nicht erzwingen, weshalb Gott auch Ablehnung, mangelnde Nächstenliebe, d. h. moralische Übel, und daraus erwachsendes Leid in Kauf nehmen müsse. Liebe (zu Gott und zu seinen Geschöpfen) »ist der höchste Wert, Freiheit erhält ihren relativen Wert als notwendige Bedingung der Möglichkeit dieser Liebe«[13]. Erst dieser Zusammenhang von Liebe und Freiheit mache verständlich, warum menschliche Freiheit ein so hohes Gut ist, daß Gott ihretwegen Menschen (ungefragt) so viele Übel zumute und dieser Preis nicht zu hoch sei. Auf diese Weise lasse sich die Wirklichkeit auch angesichts des Leids in der Welt als Werk eines guten Schöpfers interpretieren.[14]

c) Dennoch melden sich Zweifel und Fragen: Das Leiden in der Schöpfung – der von Gott riskierte Preis der Freiheit bzw. »der Preis der Liebe«? Ist dies angesichts des unermeßlichen Leids ungezählter Opfer, zumal von Unschuldigen, nicht »ein gar zu hoher Preis« (Dostojewskij)? Wie kann Gott einen solchen Preis akzeptieren für die Freiheit, andere und ihn selbst lieben zu können, für einen Wert also, in dessen Genuß viele der – ungefragt in ein leidvolles Dasein geworfenen – Opfer niemals gelan-

[12] V. Brümmer, Speaking of a Personal God (s. o. V Anm. 2), 139–151; ders., The Model of Love, Cambridge 1993; O. Wiertz, Das Problem des Übels (s. o. V Anm. 1), 244–248

[13] O. Wiertz, ebd. 247; Wiertz möchte deswegen die »free will defence« zu einer »god's love defence« (ebd. 244 f.) erweitern bzw. jene in diese einbetten.

[14] Nach dieser Sicht läßt sich so der Vorwurf der logischen Inkonsistenz bzw. Irrationalität des (christlichen) Glaubens entkräften, wird eine »defence« also möglich und erreicht zumindest so etwas wie einen Teilerfolg.

gen? Entsteht bei solcher Überlegung (»higher order good defence«) nicht unweigerlich der Eindruck von einem Gott, der Kosten und Nutzen kalkuliert und sich dann dafür entscheidet, das Risiko der Schöpfung einzugehen, obwohl er doch weiß, daß sein Entschluß auch erhebliches Leid zur Folge hat? Widerspricht ein derartiges Gottesverständnis nicht gerade der zentralen christlichen Überzeugung, daß Gott die Liebe ist (und sich noch als solche erweisen wird)?

Da wird zwar konzediert: »Es mag für alle Zeiten schwierig erscheinen zu verstehen, daß ein liebender Gott all dieses Leiden, all diese Übel und all dies Böse erlauben würde.« Sofort aber wird hinzugefügt: »Solche Schwierigkeit ist weniger ein Anzeichen menschlichen Mitleidens denn ein Zeichen dafür, daß wir Menschen unterschätzen, wie hoch Gott die menschliche Freiheit bewertet.«[15] Warum »weniger ein Zeichen menschlichen Mitleidens«? Gewiß, es gibt keinen rational denkbaren Weg einer Evolution von Freiheit *ohne* Inkaufnahme möglicher Übel; insofern scheint es vernünftig zu sagen, Gott habe die im Prinzip beste der möglichen Welten geschaffen, eine im Prinzip bessere sei real nicht möglich[16]. Es scheint vernünftig zu sagen, Gott könne freie, liebesfähige Wesen nur so schaffen, daß er für den relevanten Zeitraum (bis zu ihrem Tod) darauf verzichtet, ihre Entscheidungen selbst zu verursachen, weil er sie dadurch als freie aufheben würde[17]. Gott trägt die Geschöpfe, auch wenn sie andere Wege als die seinen gehen oder sich bewußt gegen ihn entscheiden[18]; Gott ist also notwendiger, aber nicht hinreichender (d. h. nicht determinierender) Grund ihrer Hand-

[15] K. Schmitz-Moormann, Materie, 154.

[16] So etwa C. F. von Weizsäcker, Naturgesetz und Theodizee, in: ders., Zum Weltbild der Physik, Stuttgart [6]1954, 158–168, hier 168; ausführlich A. Kreiner, Gott im Leid, 364ff., der eine »Keine-bessere-Welt-Hypothese« entwickelt: Alle menschlichen Welt-Optimierungsvorschläge würden eine schlechtere Welt bedeuten, weil, wenn Gott auch nur ein Übel (etwa Zecken oder Malariaviren) unterbunden hätte, er die Eigendynamik der Natur und die Freiheit selber hätte unterbinden müssen.

[17] So Kreiner, ebd. 277f.

[18] Thomas von Aquin, Summa theologiae I q.8 a.1–3.

lungen; er ist *all-wirksam, aber nicht allein-wirksam*. Doch so vernünftig das alles sein mag:

Ist und bleibt es nicht dennoch eine ganz und gar aporetische (ausweglose), unmögliche Perspektive auf Gott, anzunehmen, auch nur ein einziges grausam gequältes Opfer sei, zwar nicht intendiert, aber doch das Risiko der Freiheit wert? Bedeutet das nicht eine Instrumentalisierung der Opfer durch einen im Grunde zynisch gedachten Gott? Kann die Hinnahme von Qualen in der Natur, von Greueln in der Menschheit, je gerechtfertigt sein durch den Wert der Willensfreiheit, der Personwerdung (wie soul- bzw. person-making-theodicy[19] meint), der Ermöglichung unerzwungener Liebe?

Oder anders gewendet: Wenn es höheres (empfindungs-, freiheits- und liebesfähiges) Leben nur auf der Basis der Verzehrung und d. h. – bisweilen quälenden – Zerstörung anderen Lebens gibt, Leben also buchstäblich prekär ist, ist dann vielleicht jedes Lebewesen »zum Untergange in einem andern bestimmt« (Rilke), vielleicht so, daß ihm im Untergang ein unerwarteter Aufgang, in der Lebenshingabe das Geschenk eines radikal neuen Lebens zuteil wird? Ist Füreinander-Raum-geben, zuletzt in der Lebenshingabe, der Sinn des Daseins[20]? Es gibt vorbildhafte Menschen, die zu solcher Lebenseinstellung durchstoßen und dabei erfahren, daß zwar nicht ein ständiges Glücksgefühl, aber volles Leben, Gegenwartsfülle, Sinn in ihr Dasein kommt. Und ein Teilhard de Chardin vermochte es, zu Gott selbst zu sagen:

»Nachdem ich Dich als den erkannt habe, ›der ein ›Mehr-ichselbst‹ ist, laß mich, wenn meine Stunde gekommen ist, Dich unter der Gestalt jeder fremden oder feindlichen Kraft wiedererkennen, die mich zerstören oder verdrängen will. Wenn sich an meinem Körper oder an meinem Geist die Abnutzung des Alters

[19] J. Hick, Evil and the God of Love (s. o. II Anm. 3 und V Anm. 11), 253–261: »soul-making« meint den moralischen und spirituellen Reifungsprozeß der Überwindung von Ichzentriertheit und des Wachstums in der Liebe, hin zu der von Gott intendierten personalen Vollendung des Menschen. Neuerdings zieht Hick (An Interpretation of Religion, London 1989, 119) den Begriff »person-making« vor.

[20] In diese Richtung hatte u. a. Marie Noël gedacht. s. o. III. 3d.

zu zeigen beginnt; wenn das Übel, das mich mindert oder wegrafft, mich von außen überfällt oder in mir entsteht; in dem schmerzlichen Augenblick, wo es mir plötzlich zum Bewußtsein kommt, daß ich krank bin und alt werde; besonders in jenem letzten Augenblick, wo ich fühle, daß ich mir selbst entgleite, ganz ohnmächtig in den Händen der großen unbekannten Kräfte, die mich geformt haben; in all diesen düstern Stunden laß mich, Herr, verstehen, daß Du es bist, der – sofern mein Glaube groß genug ist – unter Schmerzen die Fasern meines Seins zur Seite schiebt, um bis zum Mark meines Wesens einzudringen und mich in Dich hineinzuziehen.«[21]

Es gibt, wie gesagt, Menschen, die zu solcher Einstellung durchstoßen: Gott sei Dank! Und es ist gut, selbst nach solcher Einstellung zu streben. Doch wird man sich hüten müssen, von großem Leid getroffene Menschen mit derlei Empfehlungen zu überfallen. Und vollends wirkt die Idee, der Sinn des Lebens und des Leidens sei es, zu solch personaler Hingabe heranzureifen und sie zu vollziehen, geradezu obszön angesichts der Leiden unschuldiger Kinder und auch anderer des Begreifens unfähiger Wesen, die qualvoll zerstört werden, während skrupellose Übeltäter bis zuletzt quälen und zerstören. Warum hat der Schöpfer das unvermeidliche Leid von Geschöpfen, das so grauenvolle Ausmaße annehmen kann, in Kauf genommen?

d) Wenn die Welt im Prinzip nicht anders als die unsere sein kann, wenn Gott, ohne ihre Eigendynamik und Freiheit anzutasten, Übel, Schuld und Leid nicht verhindern konnte, wäre es dann nicht besser, Gott hätte gar keine Welt erschaffen? Oder ist eine Welt mit Lust/Glück *und* Leid, vor allem aber mit Liebe, alles in allem doch noch besser als überhaupt keine Welt? Hält Gott vielleicht für diese schöne und geplagte Welt eine alle Erwartung und alles Begreifen übersteigende Versöhnung und Gutmachung bereit, die auch an das schon gelittene Leid rührt, das auch Gott nicht ungeschehen machen kann? Hält er für diese Welt – deren Naturgesetze es *nicht* zulassen, daß kein Lebewesen ein anderes, leidfähiges Lebewesen tötet

[21] P. Teilhard de Chardin, Der göttliche Bereich, Olten 1962, 91 (Übersetzung leicht verändert).

(und zuweilen auch quält) – noch etwas anderes bereit, das unter den jetzigen Naturbedingungen nicht erreichbar ist: etwas von der Art, wie es die jüdischen Hoffnungsvisionen vom friedlich miteinander weidenden Löwen und Lamm erträumen (Gen 1,29f; Jes 11,6–9; 65,25; Sib 3,787 bis 795) und wie es die paulinische Rede von der nach Erlösung seufzenden Kreatur erhofft (Röm 8,19–25)? Jedenfalls befriedigt der Hinweis auf die Eigendynamik der Natur und auf die verantwortliche Freiheit des Menschen, so richtig er ist, in der Frage nach dem Warum (und Sinn) des Leids nicht wirklich. Die letzte Verantwortung für diese Schöpfung fällt auf den Schöpfer selbst zurück, und wer sich an ihn wendet, kann ihn aus dieser Verantwortung kaum entlassen.

Walter Dirks erzählte von seinem Besuch bei dem schon vom Tod gezeichneten Romano Guardini: »Der es erlebt hat, wird es nicht vergessen, was ihm der alte Mann auf dem Krankenlager anvertraute. Er werde sich im Letzten Gericht nicht nur fragen lassen, sondern auch selber fragen; er hoffe in Zuversicht, daß ihm dann der Engel die wahre Antwort nicht versagen werde auf die Frage, die ihm kein Buch, auch die Schrift selber nicht, die ihm kein Dogma und kein Lehramt, die ihm keine ›Theodizee‹ und Theologie, auch die eigene nicht, habe beantworten können: Warum, Gott, zum Heil die fürchterlichen Umwege, das Leid der Unschuldigen, die Schuld?«[22]

Die Frage bleibt, als Rückfrage an Gott, skeptisch-zweifelnd oder womöglich mit dem hoffenden Zutrauen, daß Gott die – einfach überzeugende – Antwort zu geben vermag, so daß eingelöst werden wird das Versprechen: »An jenem Tage werdet ihr mich nichts mehr fragen« (Joh 16,23). Wer jetzt schon davon überzeugt ist, daß der Gott Jesu Christi wirklich ist, der wird auch davon ausgehen, daß Gott »entweder die von uns vermuteten Gründe (hat), Übel zuzulassen, oder – was wahrscheinlicher ist – *bessere Gründe, als wir uns vorstellen können«*.[23]

[22] Zitiert nach K. Rahner, Warum läßt Gott uns leiden? (s. o. IV Anm. 45), 465.

[23] O. Wiertz, Das Problem des Übels, 241 (kursiv von mit).

2. Pro und contra Rede vom Leiden Gottes: Inwiefern hilft ein leidender Gott?

Ein Gott, der um der Möglichkeit von Liebe (und deswegen um der Freiheit) willen das Leid in der Schöpfung riskiert, ist dann kein Scheusal, wenn er selbst das Leiden auf sich nimmt: So sagen manche heutigen Theologen. Sie *verschränken Gott und das Leiden* der Kreatur engstens in der Rede vom »Leiden Gottes« und wenden sich damit gegen den Gott der griechischen Metaphysik (und einer von ihr beeinflußten Theologie), der leidlos und leidensunfähig war, letztlich unberührt von den Leiden der Kreaturen.

a) Gott, wie ihn biblische Menschen erfuhren, ist vom Leid seiner Geschöpfe berührt; ihn »jammert«, ihn »erbarmt« das Elend der Menschen *und* das der Tiere (vgl. z. B. Ex 3,7f und Jona 4,10f; Mk 1,41; Lk 12,6 u. a.). Die Bibel redet in Analogien von Gott, indem sie Worte für unsere tiefsten, äußersten Erfahrungen metaphorisch (= übertragen) auf Gott anwendet, um sich seiner Wirklichkeit, die nicht in unsere Begriffe paßt, wenigstens gleichnishaft anzunähern. Wegen seiner alle menschliche Liebe übersteigenden Liebe macht sich Gott auf unvorstellbare Weise selber betreffbar: Er leidet an der Menschen Untreue und Vergehen (Gen 6,5–7; Jer 11,18–23 u. ö.), und obzwar voll Zorn über die Abwege seines Volkes, entbrennt er gleichwohl von Mitleid und Erbarmen mit ihm (Hos 11,8f; Jer 31,20; Jes 63,15). Die Leidenden selbst aber vergißt er nicht (Jes 49,14f: »und selbst wenn eine Mutter ihr Kindchen vergäße, ich vergesse dich nicht«), das Leid seiner verfolgten Propheten ist sein eigenes Leid[24] (z. B. Jer 37f), er »weint« ob der Hungersqual und der Erschlagenen in Juda (Jer 14,17f), sein Ort ist bei dem Leidenden (Ps 91,15: »ich bin bei ihm in seiner Not, ich reiße ihn heraus«).[25] Im kritischen Rückblick auf frühere partikularistisch verengte

[24] Vgl. U. Mauser, Gottesbild und Menschwerdung. Eine Untersuchung zur Einheit des Alten und Neuen Testaments, Tübingen 1971.

[25] Vgl. dazu etwa das Kapitel »Der Gott der Leidenden« in: M. Buber, Der Glaube der Propheten, Zürich 1950, 223–334, und Bubers Diktum »Erfolg ist keiner der Namen Gottes«.

Heilsverständnisse (Dtn 6,22f: die Ägypter warf er ins Meer, »uns aber« führte er heraus) wird das Erbarmen Gottes universal auf alle ausgedehnt (Sir 18,13: »das Erbarmen des Menschen gilt nur seinem Nächsten, das Erbarmen des Herrn allen Menschen«). Gott ist auf der Seite aller Getretenen, er will gerade keine Opfer, keine Menschen- noch Tieropfer, sondern Barmherzigkeit, Schonung und Gerechtigkeit (Hos 6,6; Amos 5,22–24; Jes 1,10–17; Ps 50,7–14; 51,18f; Weish 11,26f).

Die Rabbinen haben von der Selbsterniedrigung Gottes gesprochen, der in seiner Shekhinah (Herabkunft, Einwohnung) in den Dornbusch, die Bundeslade, den Tempel herabsteigt, im Niedrigen und Kleinen begegnet, sein Volk auf seinem Rücken trägt (Jes 46,3f; Dtn 1,31), mit ihm bis in die tiefste Not des Exils hinein geht und so die Not seines Volkes gleichsam am eigenen Leibe erfährt, mit ihm leidet und es dann herausführt, es durch sein eigenes Leiden erlöst.[26] Die Leidensgeschichte des jüdischen Volkes und seiner Märtyrer kann als die Leidensgeschichte der gefolterten göttlichen Shekhinah selber verstanden werden: »Wenn der Mensch Qual erleidet, wie spricht da die Schechinah? ›Mein Kopf ist mir schwer, mein Arm ist mir schwer‹«, heißt es in einer Mischna, die vom Mitleiden Gottes mit den Qualen des Erhängten spricht[27].–

Nur mit diskreter Achtung und Scheu wird man auch an jene erschütternde Erfahrung erinnern, die Elie Wiesel in seinem Buch »Night« bezeugt: »Die SS erhängte zwei jüdische Männer und einen Jungen vor der versammelten Lagermannschaft. Die Männer starben rasch, der Todeskampf des Jungen dauerte eine halbe Stunde. ›Wo ist Gott? Wo ist er?‹ fragte einer hinter mir. Als nach langer Zeit der Junge sich immer noch am Strick quälte, hörte ich den Mann wieder rufen: ›Wo ist Gott jetzt?‹ Und ich hörte eine Stimme in mir antworten: ›Wo ist Er? Hier ist Er – Er

[26] Vgl.hierzu P. Kuhn, Gottes Selbsterniedrigung in der Theologie der Rabbinen, München 1967; A. M. Goldberg, Untersuchungen über die Vorstellung von der Schechinah in der frühen rabbinischen Literatur, Berlin 1969; G. Scholem, Von der mystischen Gestalt der Gottheit, Frankfurt 1973.

[27] G. Scholem, ebd. 146.

hängt hier am Galgen‹«.[28] Angesichts der furchtbaren Qualen ist Gott nur noch als Mitleidender vorstellbar und erfahrbar, eingeholt von der Unentrinnbarkeit dieses schrecklichen Geschehens. Ein äußerster Versuch des ratlos Verzweifelten und selber tödlich Bedrohten, überhaupt noch etwas an Gott zu verstehen, ein Versuch, der nicht von Unbeteiligten ent-eignet werden darf[29], etwa als willkommenes Mittel zur Lösung von Widersprüchen in ihrem Gott-Denken und ihren Theodizeeversuchen.

Derselbe Elie Wiesel erzählt eine alte jüdische Legende: »Als Gott die Leiden seiner unter den Völkern zerstreuten Kinder sieht, vergießt Er zwei Tränen, die in den Ozean tropfen; beim Fallen machen diese Tränen einen solchen Lärm, daß man es von einem Ende der Welt zum andern hört.« Elie Wiesel fügt an: »Ich sage mir: Gott hat sicher mehr als zwei Tränen in das Meer der Geschichte vergossen. Aber die Menschen sind vermutlich feige. Sie stellten sich taub.«[30]

b) War es nicht ein Jude, der Galiläer Jesus von Nazareth, der sich von der Gegenwart des grenzenlos barmherzigen Gottes erfüllt wußte und deshalb die mitleidende, unbedingt allen geltende Güte Gottes geradezu verkörperte, in einer einzigen großen Einladung an alle Bedrückten und Beladenen, die alle Ausgrenzungsmechanismen überwand? Und war er nicht genau deswegen beseitigt worden, weil Menschen, die von Ausgrenzung und Unterdrückung anderer leben (und dieses falsche Leben nicht ändern wollen), solche niemanden ausgrenzende Güte nicht ertragen? Hatte nicht seine alle Trennwände durchbrechende Liebe sterbend sogar noch seine Peiniger umfangen (vgl. Lk 23,34) und so gerade nicht wieder neue Grenzen errichtet? Ihm selbst freilich war dabei am Kreuz der allmächtige Nothelfergott verloren gegangen, er konnte nur noch in das Dunkel der nicht mehr begreifba-

[28] E. Wiesel, Night, New York 1969, 75f.

[29] So mit Recht O. John, Die Allmachtsprädikation (s. o. IV Anm. 18), 212f.

[30] E. Wiesel, Macht Gebete aus meinen Geschichten, Freiburg 1986, 64.

ren Güte Gottes seine Not hineinschreien, in ihn hineinsterben (Mk 15,34). Es erfolgte kein supranaturaler Eingriff von oben, um der Tortur ein Ende zu setzen: Was von Gott her geschah, vollzog sich – wie freilich erst nach Tagen den Osterzeugen klar wurde - *im* Sterben, *im* Tod Jesu selbst, aber jenseits der sichtbaren Szene, als Bergung (Auferweckung) Jesu in die allpräsente Ewigkeitsdimension und unzerstörbare Lebensfülle Gottes hinein. Und aufgrund dieser Erfahrungen spricht das Neue Testament davon, daß in Jesus Gott selbst unter uns wohnte (Joh 1,14), sich in dessen Passion und Sterben hineinziehen ließ und gerade darin die Kraft seiner Liebe erwies, die stärker ist als Leid und Tod.

Für den christlichen Glauben ist – von der Erfahrung der Jünger mit dem irdischen Jesus und von ihrer Ostererfahrung her – an der Passion Jesu offenbar geworden, daß Gott grenzenlose Liebe ist, daß er sich von den Leiden seiner geliebten Geschöpfe betreffen läßt, daß er in den Leidenden selber ist und mit-leidet. Ein Gott, der liebt, macht sich auch verletzlich und leidensfähig. Leiden aus Liebe, freies Aufsichnehmen des Leids aus Liebe, nannte Franz von Baader (1765–1841) das eigentliche Geheimnis des Christentums.[31]

Einer der bedeutendsten altkirchlichen Exegeten und Theologen, Origenes, der selbst an den Folgen schwerer Folterung in der Decischen Christenverfolgung gestorben ist († 254), konnte davon sprechen, daß Gott aus der »Leidenschaft der Liebe« »sich in unsere Leiden versetzte«, »unsere Leiden litt« und deswegen dann »aus Mitleiden herabstieg«, sich inkarnierte und entäußerte bis zum qualvollen Kreuzestod:

»Er stieg auf die Erde herab aus Mitleid mit dem Menschengeschlecht. Er hat unsere Leiden gelitten, (schon) bevor er das Kreuz erlitt und bevor er sich würdigte, unser Fleisch anzunehmen; denn hätte er nicht (vorher) gelitten, so wäre er nicht in den Wandel des menschlichen Lebens eingetreten. Zuerst hat er gelitten, dann stieg er herab und wurde sichtbar. Was ist das für

[31] F. von Baader, Speculative Dogmatik (1828), in: ders., Sämtliche Werke, Bd. 8, 170 (Reprint Aalen 1963).

ein Leiden, das er für uns erlitt? Es ist das Leiden der Liebe. Und der Vater selbst, der Gott des Alls, ›langmütig und von großer Erbarmung‹ (Ps 103,8), leidet nicht auch er in gewisser Weise? Oder weißt du nicht, daß er, wenn er sich zu den Menschen herabläßt, menschliches Leiden leidet? ›Es ertrug der Herr, dein Gott, deine Sitten, wie wenn ein Mensch seinen Sohn erträgt‹ (Dtn 1,31). So erträgt Gott unsere Sitten, wie der Sohn Gottes unser Leiden trägt. Selbst der Vater ist nicht leidensunfähig. Wenn er angerufen wird, erbarmt er sich und fühlt den Schmerz mit. Er erleidet ein Leiden der Liebe und wird etwas, was er wegen der Größe seiner Natur nicht sein kann, und hält unseretwegen menschliche Leiden aus.«[32]

Die christliche Erfahrung weiß etwas davon, daß Gott bei den Menschen im Leiden ist und an ihren Leiden selber mitleidet. Von der mutigen Katharina von Siena (1347–1380), die Pestkranke pflegte und dabei selbst erkrankte, sich in öffentliche Konflikte vermittelnd einschaltete und davon selbst Verwundungen davontrug, wird erzählt, sie habe einst aufgeschrien: »Wo warst Du, mein Gott und Herr, als mein Herz voller Dunkelheit und Unrat war?« Und sie hörte die Antwort: »Ich war in Deinem Herzen, meine geliebte Tochter.« Ganz ähnlich weiß eine russische Legende von einem Bauern, der klagt, so lange habe er auf seinem Lebensweg zwei Fußspuren erkennen können, seine eigene und daneben die Gottes, der mit ihm ging, nun aber habe ihn das Elend getroffen, er sei gottverlassen, sehe nur noch *eine* Fußspur auf seinem Weg; und er hört in sich die Stimme Gottes: Ja, du hast gar nicht gemerkt, daß ich dich schon eine ganze Weile auf dem Rücken trage (nach Jes 46,3f.).[33]

Christlicher Glaube weiß zudem davon, daß Gott am Widerspruch seiner Geschöpfe leidet, an ihrer Selbstabschließung und Gewalttätigkeit gegen andere, und daß er in unendlicher Geduld auf ihre freie Umkehr und Heimkehr wartet. Meister Eckhart etwa spricht von Gottes suchender Liebe und Sehnsucht nach dem Menschen: »Nie hat ein Mensch nach irgendetwas so sehr begehrt, wie Gott danach begehrt, den Menschen dahin zu bringen,

[32] Origenes, Ezechiel-Homilie VI,6.

[33] Vgl. auch die oben III Anm. 3 angedeutete Erfahrung.

daß er ihn erkenne (erkenne, wie nahe Gott ihm ist, näher als er sich selber ist). Gott ist allzeit bereit, *wir* aber sind sehr unbereit; Gott ist uns ›nahe‹, *wir* aber sind ihm fern; Gott ist drinnen, *wir* aber sind draußen; Gott ist (in uns) daheim, *wir* aber sind in der Fremde.«[34] Es gehe Gott darum, daß der Mensch das sich abgrenzende Eigensein aufgibt, Gottes Güte in sich Raum gibt und so zum ›Sohn‹, zur Tochter Gottes wird. Diesen Geburts- und Wachstumsschmerz des Sohn-/Tochterwerdens leide Gott zutiefst selber mit.[35] Die schon genannte Katharina von Siena notiert im Dialog mit Gott: »Es scheint, als wärest Du verrückt geworden nach Deinen Geschöpfen, wie wenn Du ohne sie nicht leben könntest.«[36] Schon das Alte (z. B. Hos 2,14; 3,1; 8,14, 11,8ff) und das Neue Testament (z. B. 2 Kor 5,20) sprachen von dieser werbenden, bittenden Liebe Gottes zu Mensch und Welt, die immer wieder den Schmerz der Abweisung und Enttäuschung erleidet. Origenes sprach davon, daß Gottes Freude nicht vollkommen sei, bis alle an dieser Freude Anteil haben.[37] Kierkegaard sprach von der Güte Gottes, die um uns ›freit‹ und auf unsere Antwort wartet. Und von Simone Weil, der heroischen jungen Jüdin, die in Solidarität mit ihrem gemarterten jüdischen Volk bewußt vor dem Schritt zum Christentum, dem ihre Überzeugung galt, Halt machte, stammt der Satz, die Zeit sei die Geduld Gottes, der auf unsere Liebe wartet.

Gott sucht Mit-Liebende, und das heißt eben auch Mit-Leidende. In dem Galiläer Jesus hat er wenigstens in einem Menschen die volle Antwort der Liebe gefunden, die lieber selber Leiden auf sich nimmt, als andere leiden

[34] Meister Eckhart, Deutsche Predigten und Traktate, Zürich 1979, 326f. und 323 (Predigt 36).

[35] Dazu O. Langer, Mystische Erfahrung und spirituelle Theologie. Zu Meister Eckharts Auseinandersetzung mit der Frauenfrömmigkeit seiner Zeit, München 1987, bes. 239–247, und G. Fuchs, ›Wir sind sein Kreuz‹. Mystik und Theodizee, in: ders., Angesichts des Leids an Gott glauben, Frankfurt a. M. 1996, 148–183, hier 160–164.

[36] Katharina von Siena, Gespräch von Gottes Vorsehung, Einsiedeln ^{2}1964, III 4; zit. nach G. Fuchs, ebd. 170.

[37] Origenes, Leviticus-Homilien 7,2.

zu machen, und die auch noch ihre Peiniger in Liebe umfängt. Friedrich Nietzsche (1844–1900), der Christentumshasser, hat das – verächtlich zwar, doch den Kern genau treffend – in den kühnen Gedanken gefaßt, daß Jesus nicht nur *durch* seine Henker, sondern *in* ihnen gelitten habe: Er widerstehe nicht dem Bösen, er liebt ihn; »er bittet, *er leidet*, er liebt mit denen, *in denen, die ihm Böses tun*«[38].

Christlich verstanden ist es Gott selbst, der *in* denen, die ihm in seinen geliebten Kindern und Geschöpfen Böses antun, leidet, weil er auch sie liebt. Er liebt auch sie, gewiß nicht aus masochistischer Leidenssucht und gewiß nicht ihre bösen Taten, aber sie; und er verlangt danach, auch sie für die Güte zu gewinnen.

Auf dem Hintergrund solcher biblischer und christlicher Tradition sprechen heute manche Theologen von Gottes eigener Passion, vom (Mit-)Leiden Gottes mit bzw. in allen Leidenden und vom leidenden Gott.[39] Andere haben widersprochen und die Rede vom Leiden Gottes als wenig hilfreich kritisiert.[40] Inwiefern hilft ein leidender Gott?

[38] F. Nietzsche, Der Antichrist. Fluch auf das Christentum, in: Werke, hg. von K. Schlechta, Darmstadt 1966, Bd. 2, 1161–1235, hier 1197. Dort heißt es: »Er widersteht nicht, er verteidigt nicht sein Recht, er tut keinen Schritt, der das Äußerste von ihm abwehrt, mehr noch, er fordert es heraus… Und er bittet, er leidet, er liebt *mit* denen, *in* denen, die ihm Böses tun. … nicht dem Bösen widerstehen – ihn lieben…«

[39] So – allerdings in recht unterschiedlicher Weise und mit teilweise problematischen trinitätstheologischen Überhöhungen – K. Kitamori, Theologie des Schmerzes Gottes, Göttingen 1972; J. Moltmann, Der gekreuzigte Gott, München 1972, 255–267; ders., Trinität und Reich Gottes, München 1980, 36–76; H. U. von Balthasar, Theodramatik Bd. 3, Einsiedeln 1980, 297–327, und Bd.4, Einsiedeln 1983, 191–222 (dazu Th. R. Krenski, Passio Caritatis. Trinitarische Passiologie im Werk H. U. von Balthasars, Einsiedeln 1990); P. Koslowski, Der leidende Gott, in: IkaZ Communio 19 (1990) 352–376; R. Faber, Der Selbsteinsatz Gottes. Grundlegung einer Theologie des Leidens und der Veränderlichkeit Gottes, Würzburg 1995. – Behutsamer H. Vorgrimler, Das Leiden Gottes, in: Theologie der Gegenwart 30 (1987) 20–26; L. Boff, Das Leiden, das aus dem Kampf gegen das Leiden erwächst, in: Concilium 12 (1976) 547–553; W. Harrington, The Tears of God. Our Benevolent Creator and Human Suffering, Collegeville/Minnesota 1992.

[40] So J. B. Metz, Theodizee-empfindliche Gottesrede (s. o. I Anm.10), 93–97 (mit Blick auf Moltmann und Balthasar, bei denen er eine trinitätstheolo-

c) Zunächst: Wenn Gott in allem Leid seiner Geschöpfe zutiefst selber leidet, dann scheinen alle Vorwürfe gegen ihn wegen der Leiden in der Welt ins Leere zu gehen, dann scheint dem Atheismus die Grundlage für seinen Protest entzogen. Gegen einen aus Liebe selber (mit-)leidenden Gott kann man, so scheint es, nicht mehr im Namen der ungerecht Leidenden protestieren und rebellieren. Das Leid der Kreatur, so scheint es, ist dann kein Widerspruch mehr gegen den guten Gott, es ist der Preis, den nicht die Kreaturen allein für die Freiheit (des Menschen) bezahlen, es ist der Preis, den Gott selbst bezahlt. Deshalb wurde gesagt: »Wenn Gott selbst leidet, ist das Leiden kein Einwand mehr gegen Gott.«[41]

Wirklich? Ist dies nicht ein Trugschluß? Was haben die Opfer denn davon, daß Gott selbst in ihnen leidet? Was ändert das (Mit-)Leiden Gottes an den vergangenen Leiden eines brutal gequälten Tieres, was an den geweinten Tränen auch nur *eines* gemarterten Kindes? Es bleibt völlig unklar, wie das Leiden Gottes an der Leidenssituation seiner Geschöpfe etwas ändern könnte. So bemerkte etwa Karl Rahner in einem Interview: »Um – einmal primitiv gesagt – aus meinem Dreck und Schlamassel und meiner Verzweiflung herauszukommen, nützt es mir doch nichts, wenn es Gott – um es einmal grob zu sagen – genauso dreckig geht.«[42]

gische Verewigung des Leidens in Gott und eine Stillstellung der Theodizeefrage vermutet); K.-J. Kuschel, Ich schaffe Finsternis (s. o. V Anm. 31), 175–197 (v. a. mit dem allzu biblizistischen Argument, in der Bibel sei nicht von einem Leiden Gottes, sondern nur von einem Mitleiden Gottes die Rede); auch A. Kreiner, Gott und das Leid (s. o. II Anm. 3), 49–56 (mit der – die von ihm sonst vertretene free will defence merkwürdigerweise wieder ignorierenden – Begründung, wenn Gott die Macht gehabt hätte, Auschwitz zu verhindern, wäre es besser gewesen, dies zu tun, als mitzuleiden); ders., Gott im Leid, 165–190.

[41] W. Kasper, Der Gott Jesu Christi, Mainz 1982, 244. Ähnlich J. Moltmann, Trinität und Reich Gottes, 55: »Der Gott, der die Unschuldigen leiden läßt, ist der Angeklagte im Forum der Theodizee. Der Gott, der alles in allem leidet, ist sein einzig möglicher Verteidiger.«

[42] K. Rahner, in: P. Imhoff – U. H. Biallowons (Hg.), Im Gespräch, Bd. 1 (1964–1977), München 1982, 245.

Dieses Rahner-Wort wird von denen gerne zitiert, die die Rede vom Leiden Gottes ablehnen. Und in der Tat: Ein leidender Gott, wenn er *nur* (passiv) leiden würde, hülfe gar nichts. Dann käme es lediglich zur »Verdoppelung des Leidens«[43]. Alles würde nur noch schlimmer. Die Rede vom leidenden Gott würde einfach undialektisch in die Totalität des Leidens umkippen.[44]

Das ist auch gegen eine Äußerung von Albert Camus einzuwenden, der gemeint hatte: »Wenn vom Himmel bis zur Erde alles ausnahmslos dem Schmerz ausgeliefert ist, dann ist ein fremdartiges Glück möglich.«[45] Wieso eigentlich? Wie sollte aus totalem Leid und Schmerz noch ein Glück erstehen? Anders gewendet: Von welcher Art müßte der Schmerz oder das Leiden Gottes sein, wenn daraus ein fremdartiges Glück hervorgehen sollte? Doch kaum von der Art, daß der leidende Mensch sich von dem (mit-) leidenden Gott nichts mehr versprechen und ihm nichts mehr zutrauen kann, weil dieser nur noch ohnmächtig-schwach wäre[46] und nur noch seine eigene Antwortlosigkeit erlitte[47]! Der große Mathematiker und Prozeßphilosoph Alfred N. Whitehead (1861–1947) hatte nach dem Unfalltod seines 21-jährigen Sohnes am Ende seines Werkes »Process and Reality« den Satz eingefügt: »God is the great companion – the fellow-sufferer who understands.«[48] Aber ist er nicht noch mehr?

[43] So J. B. Metz, Theodizee-empfindliche Gottesrede, 95.

[44] So – allerdings nur unter der Voraussetzung eines bloß passiv leidenden Gottes – mit Recht O. John, Die Allmachtsprädikation (s. o. IV Anm. 18), 208.

[45] A. Camus, Der Mensch in der Revolte, Reinbek bei Hamburg 1953, 30f.; wie ein Argument zitiert von H. Verweyen, ‚Auferstehung': ein Wort verstellt die Sache, in: ders. (Hg.), Osterglaube ohne Auferstehung? Freiburg 1995, 105–144, hier 110; dazu H. Kessler, Sucht den Lebenden nicht bei den Toten, Würzburg 1995, 442–444.

[46] So hatten ja H. Jonas und ihm folgend G. Schiwy gemeint (s. o. IV.1); gegen den nur noch schwachen, ohnmächtigen Gott wendet sich K.-J. Kuschel, Ich schaffe Finsternis, 184ff, mit Recht.

[47] So nun – sympathischerweise, weil sensibel für die Opfer, aber dennoch etwas kurzschlüssig – auch D. Mieth – C. Theobald, Wessen Gott ist Gott? Die Sicht der Opfer, in: Concilium 35 (1999) 38–40, hier 39.

[48] A. N. Whitehead, Prozeß und Realität, Frankfurt a. M. 1979, 626 (im englischen Original von 1929, 532).

d) Bei der Rede vom Leiden Gottes ist größte Diskretion und Umsicht angebracht.

(1) An dem klassischen Bedenken gegen eine Leidensfähigkeit Gottes ist sicher soviel richtig, daß der biblische Gott in radikaler Differenz zum Leiden steht und daß ein Leiden Gottes nicht nach Art menschlichen Leidens gedacht werden darf: Als ob Gott von etwas Mächtigerem getroffen werden, an ihm scheitern und in ihm untergehen könnte (dann wäre er ja nicht Gott, und dann müßte in der Tat die Vergeblichkeit und Resignation das letzte Wort haben).

(2) Andererseits: Wer läßt Gott wirklich Gott sein, der, der ihn heraushält aus dem Elend, oder der, der ihn hineinzieht? Macht sich Gott, wenn er denn wirklich ist und wenn er Agape ist, wenn er daher am Wohl und Wehe seiner Geschöpfe Anteil nimmt, nicht auch in seinen Geschöpfen betreffbar (verwundbar), hat er nicht auch die Fähigkeit zu leiden? Und ist, je radikaler die Liebe zu seinen Geschöpfen zu denken ist, nicht desto radikaler auch sein Schmerz ob ihrer Qual? Gott in seinen Geschöpfen antreffbar und treffbar, auf unausdenkliche Weise verwundbar? – (Gott leidend nicht nur allein im leidenden Menschen, sondern auch im gequälten Tier? Die Rede vom Leiden Gottes auch im leidenden Tier bringt uns in arge Verlegenheit. Doch zumindest als Frage muß sie in der Konsequenz des biblischen Glaubens aufrecht erhalten werden. So zu fragen trägt zur Sensibilisierung gegenüber möglichem Leid der anderen Lebewesen und zu achtsamerem Umgang mit ihnen bei: daß wir z. B. Tieren *wenigstens* ein artgerechtes Leben ohne Qual ermöglichen, ehe wir sie schlachten, und daß wir bei letzterem Qual vermeiden.)

(3) Das Da-Sein und Leid Gottes im Leid Jesu, im Leid des unschuldig gemarterten Kindes, im unbegriffenen Leid der gequälten Kreatur: Es müßte – wenn es wirklich Leiden *Gottes* sein sollte – *mehr* beinhalten als nur Gottes bloßes (Mit-) Leiden, mag dieses noch so radikal sein. Es müßte die Rettung und Heilung der Gequälten und Vernichteten einschließen (wie es die alttestamentlichen Psal-

men vom leidenden Gerechten erhoffen und wie es der neutestamentliche Osterglaube vom gekreuzigten Jesus annimmt). Der Schmerz oder das Leiden Gottes ist heilend und erlösend *nur dann*, wenn Gott das Leid *nicht* nur passiv-ohnmächtig aushält, wenn er es gerade *nicht* in sich verewigt oder gar selbst im Leiden untergeht (solche Universalisierung des Leids müßte den Willen zum Widerstand gegen Unrecht brechen), *sondern* wenn in seiner frei mitleidenden Liebe eine größere Kraft (All-Macht) ist, wenn sie aus noch tieferen – und zutiefst betroffenen – Potentialen heraus das Leid auch aktiv-real und kreativ zu heilen, zu überwinden vermag. Und dies »nicht erst ›post mortem‹, sondern zumindest anfanghaft schon hier und jetzt«[49], indem sie den Willen und die Kraft gibt, im Tun der Tora bzw. auf den Fußspuren und im Geiste Jesu das

[49] K.-H. Menke, Der Gott, der jetzt schon Zukunft schenkt. Plädoyer für eine christologische Theodizee, in: H. Wagner (Hg.), Mit Gott streiten. Neue Zugänge zum Theodizee-Problem, Freiburg 1998, 90–130, hier 130, kommt zu dem Ergebnis: »Das jedenfalls ist die biblische Antwort auf die Theodizeefrage: daß im Tun der Tora bzw. mit, durch und in Christus *nicht erst ‚post mortem', sondern zumindest anfanghaft schon hier und jetzt* die Liebe (der Sinn bzw. die Zukunft) erfahrbar ist, die das letzte Wort behält.« Diese Sinndeutung sei »gewiß keine argumentative Lösung der Theodizeefrage, aber ebenso gewiß keine bloße Vertröstung auf die ganz andere Antwort des Eschaton.« Damit kommt Menke zu einer Sicht, die ich selbst seit 1970 in bald jeder meiner Publikationen vertrete. Was er ebd. 109–114 an meiner Auffassung jetzt noch meint kritisieren zu müssen, beruht einerseits auf Mißverständnissen, die sich bei genauer Lektüre meiner Ausführungen vermeiden lassen (ich habe nie nur eine jenseitige Antwort auf das Leid vertreten, im Gegenteil, und nie, daß Jesus im Tod *real* von Gott getrennt wurde), und andererseits darauf, daß Menke m. E. die dem Menschen *irdisch* eingeräumte Lebens*frist* nicht ernst genug nimmt (und deshalb meine Aussage nicht versteht, daß Gott im Tod des Menschen Jesus an Jesus als einem handle, der alle eigene Aktivität aus der Hand und in die Hand Gottes gegeben hat). Hilfreich ist aber, daß Menke nun endlich seine und Verweyens Aussage, Jesu Liebe sei stärker als der Tod, dahingehend verdeutlicht, daß hier nicht der physische, sondern der theologische Tod (der Trennung von Gott) gemeint sei, den Jesus dadurch besiegt, daß er auch dort, wo die Sünde in Gestalt des kreuzigenden Hasses sich an ihm austobt, in Beziehung zum Vater bleibt und so Gott in den Abgrund der Sünde trägt. Genau dies ist meine Auffassung: vgl. etwa, kurzgefaßt, H. Kessler, Art. »Erlösung« in: NHthG 1[1] (1984) 251 bzw. 1[2] (1991) 370, oder, ausführlicher, ders., Christologie, in: Handbuch der Dogmatik, hg. von Th. Schneider, Düsseldorf 1992 ([3]2000) Bd.1, 241–442, hier 411–423.

Leid, wo immer es geht, wenigstens partiell zu heilen oder doch zu lindern und, wo uns dies nicht möglich ist, es in Solidarität mitzutragen bzw. in Würde und Hoffnung zu bestehen.

Die im Londoner Exil verhungerte französisch-jüdische Arbeiterin und Widerstandskämpferin, Philosophin und Mystikerin Simone Weil (1909–1943) war durch den Anblick Christi am Kreuz und den Anblick der endlosen Kreuze in der Menschheit, die sie als ihr eigenes Unglück verspürte und die sie zunächst in Auflehnung und Abwehr von Gott wegführten, gerade zu ihm hingetrieben worden. Sie erahnte etwas vom Schmerz des Gottes, der bis in die äußerste Entfernung von sich selber hinausgegangen ist und immer noch hinausgeht, um in aller Zerreißung seine äußerste, verbindend-heilende Liebe zu verwurzeln. Simone Weil wörtlich: »Er selbst ist, weil kein anderer es tun konnte, bis in die äußerste Entfernung, den unendlichen Abstand von sich selber hinausgegangen. Dieser unendliche Abstand zwischen Gott und Gott – äußerste Zerreißung, Schmerz, dem kein anderer gleichkommt, Wunder der Liebe – dieser Abstand ist die Kreuzigung. ... Diese Zerreißung, über welche die höchste Liebe das Band der höchsten Einigung ausspannt, hallt unaufhörlich durch das ganze Weltall.«[50]

Und Dietrich Bonhoeffer (1906–1945) schrieb 1944 in der für ihn tödlichen Haft: »nur der leidende Gott kann helfen«[51]. Er kann helfen, wenn sein Leiden nicht bloß passives Erleiden, sondern aktiv-kreatives, Leid heilendes Leiden ist. Das bloße Hineingerissensein Gottes in den Strudel des Schmerzes reicht nicht aus, aber ohne dieses gibt es auch keine Rettung.

[50] S. Weil, Zeugnis für das Gute, München 1990, 18.

[51] D. Bonhoeffer, Widerstand und Ergebung, München 1970, 394.

3. Dialogisch-schöpferische Macht der leidensfähigen, unerschöpflichen Liebe Gottes?

Wir hatten darüber nachgedacht, daß Gottes All-Macht nicht gegenständlich-kategorial auf derselben Ebene wie kreatürliche Macht, also nicht als eine – andere Macht verdrängende – Allein-Macht oder Über-Macht zu denken ist, sondern übergegenständlich-transzendental allpräsent, als eine ganz andere Dimension denn alles Kreatürliche und gerade so als dessen innerstes Gegenüber und liebendes Du.

a) Der christliche Schöpfungsglaube impliziert, daß Gott die Liebe und so die All-Macht ist und die Macht hat, überhaupt erst etwas anderes, Gegenständlich-Endliches zu begründen (erschaffen), dem Eigendynamik und Freiheit zukommt, Freiheit zur (Mit-)Liebe (vgl. Gal 5,6.13f).[52] Gerade indem Gott aber Welt und Mensch in ihr Eigen-Sein und ihre Eigenaktivität hinein freigibt, gibt er diesem anderen endliche Eigenmacht, die er voll respektiert (also nicht im Konfliktsfall widerruft), so daß er in der Tat darauf verzichtet, wie eine übermächtige, aber letztlich verendlichte Kraft auf der Ebene der endlichen Kräfte – ihr Wechselspiel willkürlich verändernd – einzugreifen. Insofern beschränkt Gott sich und seine Macht in der Tat für eine gewisse Frist: für die Frist der kosmischen und biologischen Evolution, für die Frist der Menschheitsgeschichte, für die Frist jedes individuellen Lebens bis zu dessen Tod. Für diese Frist beschränkt Gott sich und seine Macht gegenüber dem anderen, der Schöpfung, und bindet sich an das (Zusammen-)Wirken der mit eigenen Wirkkräften ausgestatteten Geschöpfe, dessen Ergebnisse – in der Natur wie in der Geschichte – längst nicht immer seinem (guten) Willen entsprechen müssen.

Gott will weder das moralisch Böse noch wirkliche physische Übel, kann sie aber nicht verhindern (etwa durch übermächtige Intervention »von oben«); er muß sie

[52] Dazu H. Kessler, Gott, der kosmische Prozeß und die Freiheit (s. o. V Anm. 8), 207f und 216f.

für befristete Zeit hinnehmen, sie tragen und ertragen, sie aushalten und in jedem leidenden Geschöpf zutiefst selbst erleiden. Mit der freien Setzung einer evolvierenden oder Werde-Welt hat er sich frei dazu bestimmt, sich von der Mühsal, den Leiden und den Bereicherungen des Weltprozesses selbst betreffen zu lassen. Er bleibt daher, worauf die Prozeßtheologie zu Recht besteht, selbst nicht unberührt von dem Prozeß der Welt-, Natur- und Menschheitsgeschichte.

Die Art indes, wie Gott davon berührt wird, darf wieder nicht als eine kategorial-gegenständliche gedacht werden, als ob die Welt und ihr Gang ihm quantitativ ein Mehr oder Weniger einbrächte[53]. Sie muß wiederum transzendental gedacht werden: In seiner transzendentalen Immanenz, in der Gott allen Wesen innerlicher ist, als sie sich selber sind, wird er betroffen, und zwar auf eine radikale und totale Art und Weise, die für uns ganz unausdenklich ist.

Insofern ist es uns auch unmöglich, darüber zu spekulieren, was Gott von der Welt hat. Gott hat die Welt nicht nötig (sie dient ihm nicht zu irgend etwas), aber er will sie nötig haben – im freien Entschluß seiner unbedürftigen Liebe, die »andere als Mitliebende will«[54]. Die anderen sind ihm, gerade weil sie ihm zu nichts nütze sind, von unbedingtem, unendlichem Wert: Wir sind nicht um irgendwelcher anderer Zwecke willen gewollt, sondern un-bedingt geliebt, sind als wir selber gemeint. Und deshalb läßt sich der unendliche Gott, aus freier Liebe, von unserem Elend und Leid zutiefst betreffen, so sehr, daß er, um Simone Weils Wort aufzunehmen, »bis in die äußerste Entfernung, den unendlichen Abstand von sich selber hinausgeht«, sich in einem endlichen Menschen inkarniert und sich so selber einsetzt in seine Welt und für sie zu leiden bereit ist.

[53] Wie fälschlicherweise manche Prozeßtheologen annehmen, etwa D. R. Griffin, God, Power, and Evil. A Process Theodicy, Philadelphia 1976; ders., Evil Revisited. Responses and Reconsiderations, Albany/N.Y. 1991.

[54] So das bekannte Wort von Johannes Duns Scotus (1265–1308), Opus Oxoniense III 32,1,6: »vult habere alios condiligentes«.

b) Gerade indem Gott sich, transzendental-immanent, der Gebrechlichkeit und Fehlbarkeit geschöpflicher Existenz und ihrem Leid aussetzt, »wird der ›Selbst-Einsatz‹ Gottes ein *leidender* und bleibt doch zugleich und gerade noch so *sein* Lebens-Einsatz, erweist sich in seiner ›Unzerstörbarkeit‹, weil er, dem sich aussetzend, *darin* und *da hindurch* in der Lage ist, sich seiner Lebens-›Struktur‹ gemäß zu vollziehen«[55]. Gemeint ist die Lebensstruktur der göttlichen, d.h. unerschöpflichen Liebe, die (für den Osterglauben) an der gekreuzigten Liebe Jesu offenbar geworden ist.

Die dort offenbar gewordene unerschöpfliche Liebe Gottes aber – und darin liegt, wie Kierkegaard erkannte, ihre (All-) Macht – muß nicht wie alle endliche Macht, indem sie gibt, ständig um Selbsterhaltung bemüht sein und daher den andern abhängig, unfrei machen. Vielmehr vermag sie zu geben, sich hinzugeben, in die Leiden der Geschöpfe einzutauchen, ohne sich (oder auch nur das Mindeste von ihrer Wirklichkeit) zu verlieren; d.h. sie kann, indem sie sich hingibt und im Leid der Leidenden auf unausdenkliche Weise selber leidet, gerade *als* unzerstörbare Liebe wirken. Sie muß sich also nicht über die Eigendynamik und Freiheit der Geschöpfe hinwegsetzen, nicht mit »coercive power« in die Natur und Geschichte eingreifen, sondern sie wirkt mit »persuasive power«[56]: Sie zwingt nicht und überfährt nicht, sondern lädt ein und wirbt mit dem Lockruf und durch die Anziehungskraft ihrer der Welt immanenten Güte, die in dieser Welt jedoch – das blieb bei Hans Jonas außer acht – sich nicht erschöpft (und die nur deswegen schließlich auch zur Erlösung fähig ist). Wenn Gott die Liebe des Menschen gewinnen will, darf er ihn nicht mit seiner Herrlichkeit überwältigen, sondern kann sich ihm nur in verborgener, zeichenhafter Gestalt zeigen, die dem Menschen die Möglichkeit läßt, frei auf ihn einzugehen oder auch ihn zu ignorieren.

[55] R. Faber, Der Selbsteinsatz Gottes (s. o. V Anm. 39), 215f.

[56] So ein wertvoller Gedanke der nordamerikanischen Prozeßtheologie: Vgl. etwa die in V Anm. 53 angegebenen Werke von Griffin oder auch J. B. Cobb – D. R. Griffin, Prozeßtheologie, Göttingen 1979, 40–78.

Wo Liebe und freie Entschiedenheit für den freien Anderen ist, da ist gewiß auch – jedenfalls was ein Eingreifen in die Intimität und Entscheidungsfreiheit des Anderen angeht – Selbstbeschränkung und insofern Ohnmacht. Liebe wirkt nicht *gegen* die Freiheit des andern; wenn also dieser sich verweigert, erscheint sie insoweit als ohnmächtig. Aber auch in der Situation solcher Ohnmacht hat radikale Liebe – wie besonders an Jesu gewaltlosem Gang in den ihm gewaltsam aufgezwungenen Tod (aus österlichem Rückblick) aufgeht, aber auch am Weg vieler anderer (Franz von Assisi, Mutter Teresa, Mahatma Gandhi usw. und vieler weniger Bekannter) sichtbar wird – noch andere, neue Möglichkeiten, ihren zwanglos befreienden Einfluß auf andere auszuüben: in der Form des freibleibenden Angebots, der gewaltlosen Einladung, des geduldigen Wartens und Ausharrens an der Tür des Andern, des Bittens, Werbens und »Freiens«, das den Andern frei sein läßt, ja ihm neue Freiheitsmöglichkeiten zuspielt.

In der Welt wirkt Gott – in unbedinger Achtung der Eigendynamik und Freiheit seiner Geschöpfe – *durch* Geschöpfe, die sich seinem Angebot und Lockruf auftun. Im gewaltlosen und äußerlich ziemlich (nicht total) machtlosen Dasein von Menschen für andere gewinnt Gott Raum in der Welt, gewinnt er eine paradoxe Gegen-Macht in einer machtförmigen Welt, die ihn weithin in sich nicht zuläßt[57]; durch solche Menschen wird etwas von seiner Güte erfahrbar, durch sie wirbt und ruft er auf sein Ziel hin.

c) Was ist sein Ziel? Thomas von Aquin sagte: »In seiner Liebe will Gott vorbehaltlos für die Kreatur das ewige (erfüllende) Gut, das er selbst ist.«[58] Warum aber beschenkt Gott dann die Kreatur nicht gleich mit diesem Gut, in dem das Heil besteht? »Warum, Gott, zum Heil die fürchterlichen Umwege«? Die Frage des sterbenden

[57] Vgl. hierzu H. Kessler, Sucht den Lebenden nicht bei den Toten, 289f. und 294–296.

[58] Thomas von Aquin, Summa theologiae I–II q.110 a.1c.

Romano Guardini, seine Rückfrage an Gott selbst, bleibt. Auf diese Frage gibt es für uns keine befriedigende Antwort. Wir können nur ein paar Bruchstücke von Verstehen zusammenbringen.

Von Meister Eckhart und anderen Großen der christlichen Geschichte werden wir darauf aufmerksam gemacht, daß Gott uns in der Tat jetzt schon mit dem ewigen Gut beschenkt, das er selbst ist, daß wir indes eben dies (also ihn als unser höchstes Gut) zumeist nicht wahr-nehmen und deswegen – aufgrund von Irrtum und Verblendung, von schlechten Neigungen (egoistischer Gier) und verführender Mitwelt – fälschlicherweise irgendwelche endlichen Güter »mit unendlichem Streben erstreben« und sie so vergötzen.[59] Würden wir wirklich bis in die letzten Fasern unseres Seins hinein Gott in seiner Liebe als das wahre, höchste Gut (für uns und für alle) erkennen, so wäre eine Ablehnung dieses Gutes völlig irrational und vernünftigerweise eigentlich unmöglich.

Wäre es dann aber nicht besser, Gott hätte uns Menschen gleich als solche Wesen geschaffen, die – gar nicht anders können, als ihn unverstellt wahrzunehmen, wie er ist: ihr höchstes Gut, ihr ganzes Glück (Ps 16,2) und ihr Heil? Die Antwort wird lauten müssen: Kaum, denn dann würde uns Gott mit seiner Wirklichkeit überwältigen. Er würde uns die Möglichkeit nehmen, über uns als Person – über unseren Charakter und Lebensentwurf – selbst (mit) zu bestimmen; vor allem aber wäre unsere Entscheidung, Gottes Liebe zu erwidern, dann nicht mehr frei, sondern von Gott manipuliert und unausweichlich; wir würden so unsere Würde als Personen verlieren, die zumindest darüber mitbestimmen können, zu welcher Person sie sich

[59] Max Scheler, Vom Ewigen im Menschen (1923), Bern [4]1954, 263: »Jeder Mensch hat ein besonderes Etwas, einen mit dem Akzent des Höchstwertes betonten Inhalt, dem er bewußt, oder doch in seinem naiv wertenden praktischen Verhalten, jeden anderen Inhalt nachsetzt. ... Prinzipiell kann jedes endliche Gut in die Absolutsphäre ... eines Bewußtseins treten und dann mit unendlichem Streben erstrebt werden. Immer aber findet dann eine Vergötzung des Gutes statt... Es besteht keine Wahl, ein solches Gut zu haben oder nicht zu haben. Es besteht nur die Wahl, in seiner Absolutsphäre Gott, d. h. das dem religiösen Akt angemessene Gut zu haben, oder einen Götzen.«

entwickeln und zu wem sie ja sagen.[60] Dieser Prozeß der Personwerdung vollendet sich im Tod in der endgültigen Begegnung mit Gott. Und in dieser Vollendung werden wir, so die christliche Hoffnung, das erreichen, wozu unsere irdische Freiheit unerläßlich war: unsere wahre Identität in der alle einbeziehenden Gemeinschaft der Liebe Gottes.

Was aber ist mit der *Freiheit* in diesem vollendeten Reich Gottes, wo Gott selbst unverstellt als die reine Güte und unser wahres Glück begegnet? Gibt es dann überhaupt noch die Möglichkeit der Ablehnung der Liebe Gottes (wie Origenes meinte, mit der Folgerung, daß es erneut zum Abfall von Gott kommen könnte)? Indessen, wirkliche Freiheit ist mehr als die Distanz freier Wahl, mehr als die Möglichkeit, auch anders zu können bzw. anderes als das Gute wählen zu können; sie ist die ganz zu sich selbst befreite Fähigkeit, sich aus frei-eigenem Entschluß für das, was sie als das wahre Gute für sich und für alle erkennt, zu entscheiden. Deshalb wird man eher (Thomas von Aquin, Rahner und anderen folgend) sagen: Der Mensch hat sich – im Leben und in der endgültigen Begegnung mit Gott im Sterben – selber mit bestimmt und hat sich, ganz diese durch Gottes Nähe (Gnade) vollendete Person geworden, für Gott als das wirklich Gute entschieden. Und so – als diese ganz zu sich selbst gekommene/gebrachte, er selbst gewordene und am tiefsten aus sich heraus tätige Person – hat er gerade die vollendete Freiheit, immer neu der endgültigen Entscheidung zum Guten zuzustimmen: Er nimmt dieses nicht mehr distanziert zur Kenntnis, um dann zu überlegen, ob er sich auf es einlassen sollte oder nicht; vielmehr kann und will er nicht anders, als Gott, das wahre Gut, und in ihm alle Geschöpfe zu lieben, und ist dabei alles andere als unfrei, sondern ganz zu sich selbst befreit. So erreicht unsere in der Zeit geformte Freiheit gerade ihr Ziel in der Ewigkeit als den »ganzen und vollkommenen Besitz« ihrer selbst und somit des unzerstörbaren Lebens[61].

[60] Vgl. in diesem Sinne O. Wiertz, Das Problem des Übels (s. o. V Anm. 1), 254. – Es bleibt die Frage: Was aber ist mit den getöteten oder verhungerten Kindern, die nie dazu gelangen konnten, sich selbst und ihren Charakter mit zu bestimmen?

[61] Boethius, De consolatione philosophiae V 6, definiert bekanntlich: »Ewigkeit ist der totale und vollkommene Besitz unbegrenzten Lebens« (aeternitas est interminabilis vitae tota et perfecta possessio). Zu diesem Freiheitsverständnis vgl. H. Kessler, Sucht den Lebenden, 248f. mit Anm. 30.

Zu dieser vollendet befreiten und geheilten Freiheit wird möglicherweise auch gehören, daß wir Menschen das Leid, das wir in unserem irdischen Leben erleiden mußten, annehmen und bejahen können. »Nur wer auch erlittenes Leid als Teil des eigenen Lebens und der eigenen Geschichte bejaht, kann sich selbst als unverwechselbare konkrete Person bejahen, die sie geworden ist.«[62] Manche Übel haben ja einen so starken Einfluß auf die Entwicklung der eigenen Persönlichkeit, daß man ohne sie vielleicht zu einem nach üblichen Maßstäben ›besseren‹ und ›glücklicheren‹ Menschen geworden wäre, aber man wäre ohne sie ein/e andere/r geworden, als man ist und sein will.

In John Updikes Roman »Heirate mich« heißt es einmal: »Selbst wenn sie alles bedachte, was ihre Kindheit so unglücklich gemacht hatte – der unerwartete Tod des Vaters, die Verrücktheiten der Mutter, ihr mürrischer älterer Bruder, die aufeinanderfolgenden Internate –, stand für sie immer noch fest, daß sie heute als Person ärmer wäre, wenn alles einen anderen Lauf genommen hätte. Sie wäre jemand anders, jemand, der sie nicht zu sein wünschte.«[63] Es gibt gewiß Menschen, die sich selbst ablehnen und jemand anderer zu sein wünschen. Aber es gibt eben auch Menschen, die sehr schweres Leid erdulden mußten und die dennoch nicht jemand anderer sein wollten.

Das macht den Gedanken nicht undenkbar, daß wir – in einem uns geschenkten neuen Leben ›nach‹ dem Tod – vielleicht auch das erlittene Leid und Übel, das *als solches* gewiß *nicht* zu bejahen ist, dennoch als Teil unserer eigenen Geschichte annehmen können, in der wir zu der Person geworden sind, der Gott Vollendung schenkt (in der Beziehung zu ihm, den Mitmenschen und den andern Mitgeschöpfen). Der gläubige Blick auf die Geschichte Israels, etwa auf die Josephsgeschichte, und vollends auf Leben, Tod und Auferweckung Jesu kann die Hoffnung eingeben, daß Gott noch aus schlimmstem Unheil unerwartet Gutes

[62] O. Wiertz, Das Problem des Übels, 251; im Folgenden nehme ich Anregungen von Wiertz auf.

[63] J. Updike, Heirate mich! Eine Romanze, Reinbek bei Hamburg 1994, 50.

schaffen kann, das es in dieser Form ohne das Unheil nicht gegeben hätte.

Freilich, das sind Gedanken, die sich allzu weit vorwagen und die leicht in unerträgliche Rechtfertigung von Übeln und Qualen umschlagen können. Wie denn sollte je ein zukünftiges, nachgeliefertes Glück die Not und Qual eines einzigen zu Tode gequälten Geschöpfes rechtfertigen können? Sollte Gott die Qualen seiner Geschöpfe je als Mittel zur Erreichung eines guten Zweckes erweisen können? Ist es nicht vermessen und zynisch zu erwarten, daß Menschen, die in ihrem – vielleicht ganz früh zerstörten – irdischen Leben unsägliche Grausamkeit erleiden mußten, nach ihrem Tod ihr früheres Leid akzeptieren und ihren Tätern vergeben können? Daß die Täter sich von ihren Übeltaten distanzieren und ihrerseits unter Schmerzen Bekehrte werden?[64] Oder dürfen wir Gott vielleicht doch zutrauen, daß er genau dies – und noch ganz unvorstellbar Anderes – möglich macht?

d) Blicken wir zurück, so werden wir – in, zugegeben, anthropomorphen Bildern – sagen müssen:

(1) Gott leidet von Anfang an mit seiner Schöpfung gewissermaßen Geburts-, Wachstums- und Vollendungs-Wehen. Weit mehr noch und radikaler als liebende Eltern und Freunde bangt er darum, wie wir Geschöpfe uns selber formen, daß wir für uns und andere heilsame Wege gehen, daß wir offen werden für das uns erfüllende Gut, das er selber ist. Er leidet, wo das Geschehen in Natur und Geschichte in quälende Zerstörung abgleitet: Er leidet *mit*, ja *in* den Verwundeten und Gequälten, und er ruht nicht (vgl. Ps 121,4), solange ihre Wunden nicht geheilt sind.

(2) Gott wirbt – *vermittelt* vor allem (aber wohl nicht nur) *durch* Menschen, die sich von ihm ansprechen und bewegen lassen – jetzt schon und fortwährend: Er wirbt um Guttat, Heilung, Versöhnung in Gerechtigkeit, gibt dazu Impulse, macht freibleibende (nicht zwingende)

[64] Mit dem Übel*täter*, der von seiner Tat läßt oder wenigstens sich distanziert, versöhnt sich der biblische Gott wohl, mit der Übel*tat* und dem damit verbundenen Leid dagegen nicht.

Angebote, eröffnet so neue, ergreifbare Möglichkeiten, unterbricht den absehbaren Lauf der Dinge. Der Glaube hofft, daß es keine Situation gibt, in der Gottes Möglichkeiten am Ende wären, daß die Macht seiner mitleidenden, dialogisch-schöpferischen Liebe auch in und aus ausweglosen Situationen noch Gutes zu schaffen vermag.

(3) Auch dort aber, wo die Geschöpfe, wo die Menschen am Ende sind mit ihren Handlungsmöglichkeiten (also im eigenen Tod, angesichts des Todes der anderen, im Hinblick auf das ihnen angetane und von uns nicht wiedergutmachbare Unrecht), auch dort ist Gottes schöpferische Liebe – so die biblische Botschaft von Tod und Auferweckung – nicht am Ende.

Der Glaube hat eine Perspektive, welche die Natur und die Geschichte schon hier und jetzt auf die ungeahnten Möglichkeiten Gottes hin öffnet. So setzt der Glaube gerade *gegen* das Leid auf *Gott*, nicht aber auf die Zusammenreimbarkeit von Gott und Leid.

4. »Gott« – ein Wort des Protestes und der aktiven Hoffnung gegen das Leid

Dürfen wir also der unergründlichen Liebe Gottes eine Kraft zutrauen, die auch noch an das – vielleicht doch nur für uns im Zeitfluß Befindliche – unwiederbringlich Vergangene rührt, an das vergangene, für uns nicht (wieder) gutmachbare Unrecht, an die toten Menschen, auch an die getöteten Spatzen (Lk 12,6), und ihre einstigen Leiden, die ja niemand, auch Gott nicht, ungeschehen machen kann? Dürfen wir ihr, der (all-)mächtigen, unerschöpflichen Liebe Gottes, die Kraft zutrauen, am Ende auch unser, auch der Leidenden, Verstehen zu gewinnen, und ihre Vergebungsbereitschaft? Ist nicht all das mitgemeint in der biblischen Hoffnung auf ein von Gott gewirktes Leben der Toten, in der neutestamentlichen Botschaft von der untrennbaren Einheit (und Sequenz) von Kreuzestod und Auferstehung, von leidendem Untergang und gottgeschenktem Aufgang neuen, andersartigen Lebens in Niederlage und Tod? Diese Botschaft meint ja weder jenen billigen Lebens-Optimismus und Oster-Triumphalismus, der den Schrei des Gekreuzigten und der gepeinigten Kreatur unhörbar macht, noch einen Schöpfungs-Pessimismus und heroischen Kreuzes-Masochismus, der die Hoffnung auf Auferstehung und geheiltes, versöhntes Leben letztlich zum Verschwinden bringt.[65]

Deshalb ist die enge (passions- und kreuzestheologische) *Verschränkung* von Gott und Leiden in der Rede vom Schmerz und Leiden Gottes auch nur dann haltbar, wenn sie zugleich die (eschatologische, promissorisch-praktische) *Entgegensetzung von Gott und Leid* beachtet und d. h. das Leiden Gottes als aktiv heilendes, Leid überwindendes begreift. Denn Gott steht biblisch *gegen* das Leid.

a) Das Wort »Gott« ist vieldeutig. Die Religionen und die Menschen, auch die Christen, haben unterschiedliche Größen zum Gott: »Worauf du dein Herz hängst und dich verläßt, das ist eigentlich dein Gott«, hatte Luther (in seinem Großen Katechismus bei der Erklärung des ersten Gebots) treffend bemerkt. Auch die eine wahrhaft göttliche Macht, die alle irdischen Größen übersteigt, wird von Menschen verschieden erfahren. Israel lernte in seiner Geschichte Gott zunehmend nicht mehr einfach als allgewaltige, Heil wie Unheil wirkende, bedrückende Schicksalsmacht (El, Schaddaí), sondern als »Jahwé« (= »Ich bin da, Ich-werde-da-sein«) verstehen; und Jesus wagte es, Gott mit »Abba« anzureden.

In diesem Sinne (Jahwe, Abba) ist »Gott« biblisch ein Wort des *Vertrauens* auf eine unbedingt rettende Wirklichkeit und ihre Selbstzusage (Ps 91,15: »Ich bin bei ihm in seiner Not«; vgl. Ps 23,4), ein Wort der *Klage* und des *Protests* gegen das Leid und gegen das Böse (Ps 22 u. a.), ein Wort der *Nichtakzeptanz* des Leids auch der Tiere und damit der naturalen Bedingungen der Schöpfung, wie sie ist (Jes 11,6–9; 65,25; Hos 2,18f), ein Wort der *Verheißung* von Überwindung des Leids und des Bösen (Jes 25,8;

65 Vgl. H. Kessler, Sucht den Lebenden, 395.

35,10; Apk 21,4), ein Wort der *Ermutigung* und Aufforderung zum Widerstand gegen Unrecht und zum Einsatz für Recht. Der Gott Abrahams und Jesu ist »der Anti-Böse« (E. Schillebeeckx). Und wer immer entschieden für das Gute Partei ergreift, der setzt – ob er es weiß oder nicht – letzten Endes auf *diesen* Gott, daß er sich erweise.

Die Bibel erklärt das Übel und das Böse nicht (weg), reimt es nicht mit Gott zusammen, erhebt es aber auch nicht zu einer selbst göttlichen Gegenmacht; sie wird stattdessen angesichts ›himmelschreienden‹ Unrechts zum Schrei nach Gott, ihre Gottesrede wird zum Schrei nach Rettung der ungerecht Leidenden, der Opfer (Ex 2f u. a.; Mk 15,34). Gerade dabei sagt sie *ja* zu einem Gott, der noch mehr und anders ist als Natur und Geschichte mit ihren Zweideutigkeiten.

b) Die biblischen Aussagen über Gottes Güte, Gerechtigkeit, Allmacht usw. (von Ex 3,14 bis 1 Joh 4,8) sind nicht projektiver Reflex von Menschen in glücklicher Lage oder von Menschen mit optimistischem Naturell. Vielmehr sind sie entstanden *in* der Not und Niederlage der Guten, *im* Leiden Unschuldiger, *im* Ausbleiben der Hilfe Gottes, sind also gesprochen im Angesicht gerade der Erfahrungen, die oft[66] *gegen* sie ins Feld geführt werden. Diese biblischen Aussagen von Gottes Güte, Allmacht usw. stehen somit *in bewußtem Widerspruch* zu unsrer Wirklichkeitserfahrung.[67] Sie sind also nicht Deskriptionen eines *vorhandenen* gütig-allmächtigen Gottes, über den man verfügen und den man in sein Kalkül – etwa in eine Theorie der Vereinbarkeit von Gott und Leid – einbauen könnte, sondern sind Behauptungen und Verheißungen, deren Wahrheit strittig ist und sich erst noch herausstellen muß. Sie tragen einen »Verheißungsvermerk«[68]; der Satz »Gott ist

[66] Übrigens schon im Alten Testament von den »Toren«: Ps 10; 13; 14 u. ö.

[67] Dazu H. Gollwitzer, Krummes Holz – Aufrechter Gang. Zur Frage nach dem Sinn des Lebens, München 1970, 374f.

[68] Wie J. B. Metz immer wieder einschärft, vgl. etwa J. B. Metz, Die Rede von Gott angesichts der Leidensgeschichte der Welt, in: Stimmen der Zeit 117 (1992) 311–320, hier 318f.

die Liebe« meint dann: »Wir vertrauen darauf, daß Gott sich noch als Liebe für alle erweisen wird« – gewiß deswegen, weil er Liebe *ist*, aber eben dies muß sich bewahrheiten.

Die vorhandene Welt ist ja so, daß in ihr Gott (die Liebe) weithin noch gar nicht ›vorkommt‹; vieles, was in der Welt geschieht, ist mit dem Glauben an den biblischen Gott nicht vereinbar und würde ihn widerlegen, wenn es das letzte Wort behielte. Dort, wo Menschen im Geist des Galiläers Jesus von Nazareth leben, kommt etwas von der Güte Gottes zum Vorschein in der Welt. Erst dann freilich, wenn *alle* Wunden geheilt und das letzte geknickte Rohr aufgerichtet sein wird, wenn »jede Träne abgewischt und kein Tod mehr sein wird, kein Leid noch Wehschrei noch Schmerz« (Apk 21,4; vgl. Jes 25,8), und wenn überdies alle Wesen rückblickend sogar ihre geweinten Tränen gutheißen können, erst dann wird für alle definitiv klar sein, daß Gott die allmächtige Güte und daß die Schöpfung wirklich »gut« ist.

Wie das Wort ›Gott‹ biblisch Name ist für die da-seiende Macht der Liebe, die gegen das Leid steht, so sind die biblischen Aussagen über Gottes Güte und Allmacht *Versprechen* der Rettung und einer großen universalen Gerechtigkeit, die auch an die vergangenen Leiden – auch die der Tiere – rührt und ihre Heilung einschließt.[69] Sie sind Verheißungen für den existentiell Bedrohten und für denjenigen, der gegen konkrete Leiden ankämpft und sich dabei jenes »Leiden« einhandelt, »das aus dem Kampf gegen das Leiden erwächst« (L. Boff). Diese biblischen Aussagen können deshalb nur im persönlichen Ergreifen der in ihnen steckenden Verheißung wiederholt und anderen zugesagt werden. Nicht für sich in Anspruch nehmen kann sie, wer genug zum Leben hat, andere darben sieht und ihnen *nicht* aufhilft (1 Joh 3,17; 4,20; Mt 18, 23–33).

c) Böses und Leiden wollen *weniger* begriffen als bekämpft und bestanden werden, im Vertrauen, daß dieses

[69] Vgl. J. B. Metz, Theodizee-empfindliche Gottesrede (s. o. I Anm. 10), 82.

große Du, das wir mit »Gott« meinen, *immer mit uns da* ist (Ps 23,4). Angesichts des Leids der unbeweinten Kreatur und angesichts des Leids von »Auschwitz« an den Gott Jesu glauben heißt, mit Jesus *jetzt schon diesen Gott* als die rettende Wirklichkeit *für die gequälten Opfer in Anspruch nehmen*, also ihr Lebensrecht praktisch bejahen, für Minimierung ihrer Leiden kämpfen und, wo unsere Macht endet, bei Gott ihre Rettung einklagen, als Gutmachung und Bergung in Gott zugleich. Das geht nur im – auch praktischen – Widerspruch zu den gesellschaftlichen Mechanismen und zu den Subjekten, die dieses Lebensrecht nicht anerkennen und andere zu Opfern machen.

Die Opfer sind ein entscheidendes, vielleicht das entscheidende Kriterium dafür, ob ich mich – in meiner immer begrenzten Perspektive – wirklich auf die letzte, göttliche Wirklichkeit beziehe (und nicht auf einen in mein System passenden, selbstfabrizierten Götzen oder einen metaphysischen Weltbild-Abrunder). Jedes endliche (biotische, soziale, ideologische) System und jedes Subjekt ist ja, weil endlich, nichtgöttlich; seine Nicht-Göttlichkeit manifestiert sich ganz offenkundig in seinen unvermeidbaren Irrtümern, Fehlern und Übeln, an deren Folgen Menschen (die Opfer) leiden.[70] Die Opfer sind deswegen der Ort, von dem aus man die Nicht-Wahrheit eines Systems – eben auch des Systems der beschädigten, noch nicht wahren Schöpfung – entdecken, dieses kritisieren, es auf eine wahrere Zukunft hin öffnen kann. In einer ungerechten und leidvollen Welt ist Kriterium dafür, ob man sich wirklich für den biblischen »Gott« öffnet und auf *ihn* setzt, die Übernahme von Verantwortung für den Andern, zumal für die Unterdrückten und Gequälten.

Der wahre Gott fordert keine Opfer (vgl. Hos 6,6; Am 5,22; Ps 50,7–14; 51,18f). Vielmehr: Überall, wo ein geschöpfliches Wesen durch andere leiden muß oder wo es selbst andere leiden macht, leidet auch dieser Gott auf eine

[70] Dazu E. Dussel, Wahrheitsanspruch und Toleranzfähigkeit der göttlichen Offenbarung aus der Sicht einer Theologie der Befreiung, in: B. Schoppelreich – S. Wiedenhofer (Hg.), Zur Logik religiöser Traditionen, Frankfurt a. M. 1998, 267–295, hier 279.

uns unausdenkliche, radikale und totale Weise mit. Zum Christsein gehört das Leiden an der Unversöhntheit, die klagend-hoffende Bitte an Gott um Hilfe *und* die tägliche Arbeit an Versöhnungen, also die Arbeit daran, Leiden abzuschaffen oder wenigstens zu mildern (das leidende Geschöpf – und Gott – in *seiner* Not zu erhören[71]) und *darin* dem Wirken der Güte Gottes Raum zu schaffen.

Erst dort, wo wir dazu keine Möglichkeit mehr haben, bleibt uns *allein* noch die Klage, der Appell an Gottes rettend-versöhnendes Tun, der Schrei nach der großen, allumfassenden Versöhnung, die auch die Zustimmung der Opfer (wie der Täter) impliziert. Unter der Voraussetzung, daß ich mich der unbedingt allen geltenden Güte öffne und verschreibe, darf und *muß* ich hoffen, daß die unendliche, unbedingt für alle entschiedene Liebe Gottes Wege finden wird zur endgültigen Überwindung des Leids und zur Versöhnung auch der Unversöhnlichen.

Bis dahin bleiben wir selbst die offene Frage und gelingt Identität nur im Modus der Hoffnung: Bis jetzt sind wir nur »in der Hoffnung erlöst; eine Hoffnung aber, die man schon erfüllt sieht, ist keine Hoffnung mehr« (Röm 8,24).

[71] D. Bonhoeffer, Widerstand und Ergebung, 395. 401f.: »Menschen gehen zu Gott in ihrer Not… / Menschen gehen zu Gott in Seiner Not, finden ihn arm, geschmäht, ohne Obdach und Brot, sehn ihn verschlungen von Sünde, Schwachheit und Tod. Christen stehen bei Gott in Seiner Not. / Gott geht zu allen Menschen in ihrer Not …«

Schlußbemerkungen: Leidempfindlicher Gott-Glaube – ein Lebensexperiment

(1) Theoretische Theodizee suchte Gott und das Böse/Leid zusammenzudenken und entging so nicht der Konsequenz, auch das Böse/Leid, so wie es ist, als eben zum Ganzen gehörig zu legitimieren; alles hatte so, wie es ist und läuft, im Prinzip seine Richtigkeit. Die Hiob-Frage der Glaubenden ist anderer Art: Wie kann ich *in* – und *trotz* und *gegen* – Unrecht und Leid von Gott sprechen, an Gott glaubend festhalten, mit Gott leben und von ihm her gegen das Leid angehen oder im Leid standhalten? Diese Frage – die Theodizee*frage* also – ist die Krise jeder vermeintlich unschuldigen, fraglosen und verblüffungsfesten Rede von Gott.

Metaphysik dachte das Göttliche nur als Grund und notwendiges Korrelat bzw. Implikat der bestehenden Welt (als den zur Welt gehörigen und zu ihr passenden Gott), nicht als ihr gegenüber freie, liebende Wirklichkeit, an die man auch klagend-fragend appellieren könnte, in der Hoffnung, von ihr mehr und noch anderes erwarten zu dürfen, als in der Naturevolution und Menschengeschichte ›drin‹ ist. Der biblische Gott paßt nicht zur Welt, wie sie ist; er geht nur *so* mit dem Leid zusammen, daß er *gegen* es steht, daß er es – die Freigabe seiner Schöpfung respektierend – selbst erleidet und in der Kraft seiner Liebe an seiner Verwindung und Heilung arbeitet.

Mit dem biblischen Gott kehrt die Verweigerung des Einverständnisses mit der bestehenden Welt[1], die Gebets-

[1] H. R. Schlette, Art. Religion, in: HphG 5 (1974), 1233–1250, hier 1245ff., begreift Religion, die auf der Annahme einer fundamentalen Gutheit und Vertrauenswürdigkeit des Ganzen besteht und sich zugleich die Realität des Negativen nicht verbirgt, als »*Verweigerung des Einverständnisses mit der Verfaßtheit der Wirklichkeit* im ganzen«. H. Schrödter, Analytische Religionsphilosophie, Freiburg – München 1979, 298, definiert Religion als »die

klage und der praktische Widerstand gegen das Leid in die Religion zurück. Wer vom biblischen Gott sprechen will, handelt sich die Theodizee*frage* – statt sie loszuwerden – mit ihrer ganzen Dramatik ein, ohne schnelle Lösung, ohne aufgeklärt-atheistische oder fromm-spekulative Entspannung, ohne Beruhigung. Was denn soll Ex 3,14 (»Ich bin da, als der ich dasein werde«) oder 1 Joh 4,8 (»Gott ist die Agape«) in den konkreten Leiden nichtmenschlicher Lebewesen wie von Menschen bedeuten? All diese biblischen Gottesaussagen tragen, wie wir sahen, einen »Verheißungsvermerk«: Ihre Wahrheit muß sich immer wieder erst erweisen, anfanghaft schon jetzt und einst vollends.

Der Widerspruch zwischen Gott und dem Leid seiner Geschöpfe, die »Entfernung zu Gott« (Nelly Sachs), ist auszuhalten: Im Gedenken der einstigen Leiden der Verstorbenen und in sensibler Wahrnehmung heutigen Leids. In Erinnerung aber auch der früher erfahrenen Güte Gottes (vgl. z.B. Ps 77), und in eschatologisch gespannter Erwartung, die am Unverstandenen und Widerständigen sich wundreibt.

Der Widerspruch ist auszuhalten in leidenschaftlichem *Rückfragen an Gott*: »Warum verbirgst du dein Angesicht? Warum hast du uns verlassen? Wie lange noch?« Aber auch in theologisch-christologischer Umkehrung der Theodizeefrage[2], so daß es nicht mehr nur der Mensch ist, der Gott fragt, sondern umgekehrt der »nach seinen Geschöpfen verrückte« (Katharina von Siena), aber oft genug abgewiesene und in seinen geschundenen Geschöpfen verwundete Gott – eben in Gestalt seiner leidenden Geschöpfe oder ihrer Advokaten – auch seinerseits *den Menschen fragt*: »Adam, wo bist du?« (Gen 3,9), »Wo ist dein Bruder Abel?« (Gen 4,9), »Warum verfolgst du mich?« (Apg 9,4), »Was tat ich dir? Antworte mir! Ich habe dich herausgeführt, du aber bereitest deinem Retter das Kreuz« (Karfreitagsliturgie). Oder: »Was stellst du mit

Gesamtheit der Erscheinungen (Objektivationen), in denen Menschen das Bewußtsein der *radikalen Endlichkeit ihrer Existenz und deren reale Überwindung* … ausdrücklich machen«.

[2] So G. Fuchs, Wir sind sein Kreuz (s. o. V Anm. 35), 180f. Anm. 33.

meinen Geschöpfen an und mit dir selbst?« – *Beide* Arten von Fragen haben humanisierende Kraft. Die eine ›belästigt‹ Gott selbst und sucht insoweit keine *irdischen* Sündenböcke für ihre enttäuschten Sinnerwartungen und Frustrationen. Die andere Art von Fragen wirklich an sich heranzulassen heißt, sich der eigenen öko-sozialen Verantwortung zu stellen.

(2) Not lehrt nicht notwendig Beten; mit Leid kommt nicht zwingend die Gottesfrage. Manche sagen: Ich habe zu viel erlebt, Gott ist mir abhanden gekommen; durch das furchtbare Leid in der Welt ist mir der Zugang zum Rettenden verlorengegangen. Diese – angesichts der so widersprüchlich erfahrenen Welt verständliche – Grundeinstellung zur Wirklichkeit verdient allen menschlichen Respekt. Ihr liegt aber – da all unsere Erfahrungen partikulär sind und eine Extrapolation ins Totale nicht gestatten (wir wissen ja auch von den *anderen* Erfahrungen anderer) – eine existentielle Entscheidung (eine Option) zugrunde. Auch kann diese Gott los-gewordene Einstellung weder erklären, wie der Kosmos ein Wesen hervorbringen kann, das über ihn selbst hinauszufragen vermag, noch, wie es radikal selbstlos gute Menschen geben kann, die sich für Gerechtigkeit engagieren, obwohl es ihnen Schaden, vielleicht gar den Tod, einbringt und sie keine Masochisten sind[3].

Mehr noch: In der menschlichen Auflehnung gegen das Böse und das Leid liegt geradezu ein Hinweis auf den göttlichen Ursprung des Menschen und der Welt. Wäre nämlich alles nur zufällig und aus blinden Naturgesetzen entstanden, so hätte es überhaupt keinen Sinn, sich gegen Böses und Leid zu empören. Mit begründeter Empörung können wir nur deshalb auf durch Menschen verschuldetes Böses und Leid reagieren, weil wir überzeugt sind, daß es nicht sein sollte, daß vielmehr sein Gegenteil, das Gute, unbedingt sein soll. Und genau diese Überzeugung verweist auf eine andere Wirklichkeit (Gott), die dieses unbe-

[3] Zur Kritik einseitig soziobiologischer Erklärungen vgl. H. Kessler, Gott, der kosmische Prozeß und die Freiheit (s. o. V Anm. 8), 197f.

dingte Sollen, dieses absolute Ziel, vorgegeben hat. Damit aber wird das als empörendes Übel empfundene Leid geradezu zum »Fels des Theismus« (gegen G. Büchner). Der praktischen Auflehnung gegen das Böse und das Leid liegt (wie wir an A. Camus gezeigt haben) selber ein – vielleicht gar nicht bewußtes – Setzen auf und Vertrauen auf das Gute als eine unbedingt einfordernde und bejahende Macht, die gegen Unrecht und Töten steht und bestehen möge, zugrunde, und ohne einen letzten Funken solcher Hoffnung weicht die moralisch-praktische Auflehnung der Resignation oder der Abstumpfung und Teilnahmslosigkeit.

Gegen die erwähnte Option steht deshalb als Alternative die andere Option: Trotz aller nicht definitiv ausräumbarer Zweifel dennoch im Wagnis des Glaubens auf eine letzte Güte setzen und daraus leben, deswegen darum kämpfen, daß weniger Menschen und andere Lebewesen Qual erleiden müssen, und dies in unbeirrter Hoffnung auf »Er-Lösung«, wider alle verzagt-resignierte Hoffnung des sogenannten gesunden Menschenverstandes (Röm 4,18; 8,24f). Auch dies ist eine Option. Aber sie kann sich im Leben als tragfähig und hilfreich praktisch bewähren. Und sie schneidet – im Vergleich mit nichtreligiösen und mit nichttheistischen Weltanschauungen – in bezug auf die kognitive Sinndeutung der Wirklichkeit im Ganzen und speziell in bezug auf das Problem des Übels in der Welt nicht schlecht ab; diese Probleme stellen sich ja auch jenen Weltanschauungen, und es ist nicht zu sehen, daß sie ihnen besser (lebensfreundlicher) gerecht werden als der christliche Glaube.

Der Schriftsteller Theodor Haecker schrieb in den Schrecken der Kriegsjahre 1942–1945 in seine Tag- und Nachtbücher: »Laß niemals von Gott! Liebe ihn! Wenn du das nicht kannst, dann streite mit ihm, klage ihn an und rechte mit ihm, wie Hiob, ja, wenn du das kannst, lästere ihn, aber – lasse ihn nie!«[4]

[4] Th. Haecker, Tag- und Nachtbücher 1939–1945 (1947), hg. von H. Siefken, Innsbruck 1989, 143.

Ein extremes Beispiel für das letztere («lästere ihn, aber lasse ihn nie«) findet sich in James Baldwins Roman »Eine andere Welt«. Der junge Schwarzamerikaner Rufus hat ein verpfuschtes Leben voller Irrungen und Wirrungen hinter sich. Was er als Kind geglaubt und was ihn lange zuvor in väterliche Geborgenheit gehüllt hatte, ist längst für ihn verschwunden und unreal geworden. Nun steht er auf einer Brücke bei New York in eisiger Kälte und wird im nächsten Augenblick seinen Todessprung tun. Da schaut er noch einmal zum Himmel auf (den es für ihn doch gar nicht mehr gibt!), und in wilder Verzweiflung bricht der Fluch aus ihm heraus auf alles, was ihm einmal Bergung schenkte und nun für ihn verloren ist: »Du Lump, dachte er, du kotzdreckiger, bin ich nicht auch *dein* Kind?« Und dann, als er gesprungen war und durch die Luft sauste: »Mag's sein denn, du kotzdreckiger, gottallmächtiger Lump, ich komme zu dir.«[5]

Letztlich stehe ich immer neu vor der Frage, ob ich mir die Option Jesu für einen Gott der Güte als letzten tragenden Grund und letzt-gültigen Sinn-Grund der Welt zu eigen mache und daraus mein Leben und meine Welt gestalten will. Auch wenn dieser Gott »mir nichts ersparen« wird, nicht den Weg durch die Wüste, vielleicht nicht einmal den Platz auf Hiobs Aschenhaufen, und sicher nicht das Grab: »alles darf mir genommen werden, außer dem Vertrauen zu ihm«.[6]

Es kann freilich geschehen, daß selbst solches Vertrauen mich im Stich läßt, daß auch die Vertrauenskrise der Gottverlassenheit mir nicht erspart bleibt, so daß ich nur noch die ganze Nichtigkeit und Fragwürdigkeit meines

[5] J. Baldwin, Eine andere Welt. Roman, Reinbek bei Hamburg 1977, 83 f.

[6] In Martin Gutl, Der tanzende Hiob, Graz 1975, 97, findet sich der Text »Zweifache Verheißung«: »Du wirst mir nichts ersparen,/ nicht den Weg durch die Wüste,/ nicht den Kampf mit dem Goliath,/ nicht den Platz auf dem Aschenhaufen des Hiob,/ nicht den Sitz unter dem Ginsterstrauch,/ nicht das babylonische Exil –/ Der Herr ist mein Hirt,/ Er wird mich ins Grab bringen/ und wieder heraus –/ Der Herr ist mein Hirt,/ nichts wird mir mangeln,/ nicht die Geborgenheit in der Arche Noas,/ nicht das Wohnen im Zelte des Herrn./ Der Herr ist mein Hirt,/ nichts wird mir fehlen./Alles darf mir genommen werden/ außer dem Vertrauen zu Ihm.«

Glaubens – vor Gott – zulassen und vielleicht herausschreien kann. Gott-Vertrauen ist kein fragloser Besitz, es muß jeden Tag neu erkämpft und errungen werden. Und – es hebt die Theodizeefrage nicht auf, sondern treibt sie verschärfend hervor und hält sie wach als Frage an Gott selbst, manchmal auch als »Leiden an Gott«[7]. Doch mit jedem kleinen Anflug solchen Vertrauens bekommt das Leben einen geweiteten, die gewohnten Grenzen sprengenden Horizont und – eine Mitte, die nicht ich selber bin: Der Mensch begegnet einer abgründigen Güte, die ihn nicht bei sich selber hält, vielmehr auf den Weg der Güte bringt, die anderen ein kleines Stück Erfahrung von Güte möglich macht und die insoweit auch Not und Klage in Trost, in Hoffnung und sogar wieder in jenes Lob des Schöpfers zu verwandeln vermag, in welches viele Klagelieder Israels (Pss 13; 16; 22; 30; 34 u. v. a.) und der Völker schließlich doch münden.

Diese Option eines dem Zweifel und der Anfechtung wieder und wieder abgerungenen Vertrauens in eine letzte, verläßliche Güte bedeutet eine immer neu mit dem Ganzen des eigenen Lebens gegebene Antwort auf die Urfrage, die die Welt und die wir selbst uns sind, und auf den Anruf, der in beidem auf uns zukommt. Sie bedeutet eine täglich neu zu bekräftigende Lebensentscheidung, die – im Wissen, daß es in dieser Welt für *und* gegen sie Indizien (aber keine letzten ›Beweise‹) gibt – auf die Zusage einer letzten Güte hin das Wagnis eines Lebensexperiments eingeht: das Wagnis, sein eigenes Leben in einem großen Experiment des Daseins nicht nur für sich selbst, sondern genauso für andere einzusetzen und den Aufstand der Güte gegen Unrecht, Gewalt, Elend, Verzweiflung zu riskieren.

(3) Wer es wagt, sich auf den von Jesus erschlossenen Gott einzulassen, der versucht von einer grenzenlosen Güte her zu leben, die ihn – und genauso den anderen – von Grund auf liebt und um seiner selbst willen annimmt, die ihn,

[7] So Marie Noël (s. o. III.3 d, bei Anm. 41) und J. B. Metz, Theodizeeempfindliche Gottesrede, 99f.

unverlierbar ihn selbst, birgt und unter allen Umständen hält, was auch immer kommen mag: »Muß ich auch wandern in finsterer Schlucht, ich fürchte kein Unheil; denn du (den ich im Finstern nicht mehr wahrnehmen kann) bist bei mir, dein Stock und dein Stab (ihr hörbares Aufstapfen auf dem Boden), die trösten mich« (Psalm 23,4). Auch wenn oft gar nichts mehr von Gott zu vernehmen ist (vielleicht weil ich innerlich »zu« bin), wenn die Verborgenheit Gottes erschreckend, seine anscheinende Abwesenheit beunruhigend und bedrängend wird, wenn der Glaube mich im Stich läßt und das Vertrauen nur mühsam – in Erinnerung an frühere Erfahrungen von Führung und Nähe, wo das Ewige mich berührt, sein Widerschein mich gestreift hat – wieder errungen werden kann: Es ist erlösend, mitten in aller Ambivalenz der Natur und des Lebens mit einer anderen Wirklichkeit als der unseren rechnen und wieder Vertrauen in eine letztgültige gute Wirklichkeit fassen zu dürfen; es gibt Halt im Wanken, Erstarken unter meiner Last, und es befreit zu einer bejahenden Grundeinstellung zu Mitmenschen und Mitgeschöpfen.[8]

Ob dieses Vertrauen und diese bejahende Grundeinstellung zur Mitwelt anderen Menschen möglich wird, hängt *mit* davon ab, wie wir ihnen begegnen. Wir haben Verantwortung füreinander, zumal für die nachwachsenden Generationen, und die anderen warten darauf, daß wir ihnen das Wichtigste im Leben nicht schuldig bleiben: jene – aus dem Vertrauen, selbst unbedingt bejaht und gehalten zu sein, erwachsende – Bejahung und Annahme des anderen, die niemanden ausgrenzt, niemanden abschreibt und die, statt Leiden zu mehren, sie zu überwinden, zu mindern oder wenigstens zu lindern trachtet. Wir haben Verantwortung füreinander: Wir können einander das Ja zum Leben, das Ja zur Schöpfung, das Ja zum Schöpfer möglich machen. Im Grunde möchten wir dies auch: Wir möchten

[8] Zu diesem Punkt (3) vgl. ausführlicher H. Kessler, Erfüllung – augenblicklich erlebt und doch schmerzlich vermißt? Erlebnisorientierung und Heilserfahrung, in: Concilium 35 (1999) 490–499, sowie ders., Erlösung als Befreiung, Düsseldorf 1972, bes. 37–40 und 87–93.

von Gott her leben, stark sein im Glauben, kräftig und weit in der Liebe – aber es soll uns nichts kosten (oder wenigstens nicht zu viel), das ist die Not.

Roberto Benignis im Konzentrationslager spielender Film »Das Leben ist schön« (1998) zeigt einen jungen jüdischen Vater, der sich – unter Aufbietung all seiner Kräfte und Einfälle – bis zuletzt, bis in den Gang zur Erschießung, abmüht, seinem mit-inhaftierten Kind nicht nur das Leben zu erhalten, sondern zugleich die Freude am Leben, die Zuversicht, die Weltbejahung, die Fröhlichkeit. Das ist's wohl, worum es geht. Was sonst wäre wichtig und lohnend?

Ergänzendes Nachwort zur Neuauflage

Das vorliegende Buch ist erstmals im Jahre 2000 unter dem Titel »Gott und das Leid seiner Schöpfung. Nachdenkliches zur Theodizeefrage« im Echter-Verlag Würzburg erschienen.[1] Diese erste Auflage ist inzwischen vergriffen. Für die hier vorliegende Neuauflage als Topos plus Taschenbuch wurden einige Druckfehler berichtigt, und es wurde dieses Nachwort angefügt. In diesem Nachwort will ich einige Aspekte zusammenfassend hervorheben und zugleich eine Weiterführung und Vertiefung versuchen.

1. Wenn man das Leid nicht einfach als Schicksal hinnimmt oder naturalistisch wegerklärt, wenn man zudem einen einzigen Gott als mächtigen und guten Urgrund oder Schöpfer der Welt annimmt und zugleich dem Menschen die Würde der Freiheit – und damit des Fragens und Protestierens – auch Gott gegenüber zuerkennt, dann tut sich ein Widerspruch auf zwischen dem Glauben an einen mächtigen, gütigen Schöpfer und dem oft übergroßen Leid in seiner Schöpfung.
Diesen Widerspruch suchte man häufig durch rationale Erklärungen (z.B. Leid als gerechte Strafe für Verfehlung, als Mittel der Prüfung, Züchtigung, Läuterung, als notwendiger Kontrast des Guten und Teil der Gesamtordnung) aufzulösen und so Gott angesichts der Leiden vernünftig zu rechtfertigen. Doch diese *lehrhaften Theodi-*

[1] Eine didaktische Erschließung dieses Buches und der Theodizeefrage bietet Hans Kessler; Edith Verweyen Hackmann; Bernd Weber: »Ein guter Gott, der leiden lässt? Materialien zur Bearbeitung der Theodizeefrage im Religionsunterricht der Sekundarstufe II. Mit einer Schülerausgabe der Ganzschrift von Hans Kessler, Gott und das Leid seiner Schöpfung« (DIN A4-Format). Reihe: religionsunterricht konkret, Kevelaer 2004. (Die Schülerausgabe der Ganzschrift »Gott und das Leid seiner Schöpfung. Nachdenkliches zur Theodizeefrage« ist dort auch separat für Euro 3,50 pro Stück bei 10 Expl. Mindestbestellung erhältlich.)

zeen haben »zu viel« erklärt. Sie überzeugen nicht, weil sie an der konkreten Leiderfahrung vorbeigehen, ja das bestehende Unrecht, indem sie es mit Gott in Einklang bringen, sogar rechtfertigen und weil sie beanspruchen, das Ganze der Wirklichkeit, also Welt *und* Gott zusammen, zu überschauen in einer Art Vogelperspektive, während wir doch immer nur Froschperspektiven haben.

Anders die *existentielle* Theodizee*frage*. Sie entspringt nicht der distanzierten Außenperspektive, sondern ureigener Erfahrung von großem Leid (bei Hiob, in Psalmen, in Gebeten vieler Religionen, in Auschwitz). Sie ist eine Frage vor Gott und an Gott, die sich in Zweifel, Klage, Anklage, Protest und im Schrei ausdrückt: »Warum?« Sie schiebt die ganze ungelöste Not Gott hin. Sie rechtfertigt Gott nicht, sondern rechtet mit ihm, so dass die Beziehung zu Gott selbst auf dem Spiel steht und verhandelt wird. Sie spricht Gott nicht frei, sondern behaftet ihn beim Leid seiner Schöpfung. Wer die Theodizee*frage* festhält, versucht den Widerspruch der Übel gegen Gott – und Gottes gegen die Übel – nicht zu beseitigen, sondern aufrecht zu erhalten und auszuhalten: im Appell an Gott, in mitfühlender Solidarität mit den Leidenden und, wo immer dies möglich ist, in praktischer Leidminderung bzw., wo dies nicht möglich ist, im Mittragen der Last des Andern sowie im Bestehen eigenen Leids in Würde und Hoffnung.

Doch kann man auf Leid auch anders reagieren (mit Resignation, bewusster Leidsuche usw.). Deshalb setzt die angedeutete Praxis des Glaubens im eigenen Leid und beim fremden Leid, wenn sie verantwortet sein soll, ein wenigstens annäherndes Verstehen voraus, das den Glauben an Gott angesichts des Leids als berechtigt und sinnvoll erweist, als eine gut begründete Option, die im Vergleich mit einer atheistischen Option nicht schlecht abschneidet. Wie kann ein solches annäherndes Verstehen aussehen?

2. Der biblische Glaube reimt Übel, Leiden, Böses nicht mit Gott zusammen. Denn der Gott, der sich in den Glau-

benserfahrungen des biblischen Israel als Güte zeigt (vgl. Hos 11,8f u.v.a.) und der dann in Leben, Passion und Auferstehung Jesu eindeutig als die für alle entschiedene Liebe (Agape) offenbar wird, steht *gegen* das Leid: Er will es nicht. Doch indem er die Schöpfung in relative Eigenständigkeit, Eigenmacht und evolutive Eigendynamik freigibt, beschränkt er seine aktive Macht und muss in Kauf nehmen, dass die Geschöpfe auch Wege gehen, die nicht gott-gewollt sind. Gott zwingt die Dinge nicht in eine bestimmte Richtung, sondern lädt ein, wirbt, lockt:
Alles in der Welt vom Urknall an geschieht in einem ständigen – mehr oder weniger gut gelingenden und oft auch misslingenden – Dialog zwischen Gott (als ermöglichendem Urgrund) und den (in ihre Eigendynamik freigegebenen) Geschöpfen. Aus der Sicht des Glaubens ist ein solch dialogisches Verhältnis zwischen Gott und Welt nicht erst auf der Ebene des Menschen anzunehmen, sondern – in analoger Weise – schon im vormenschlichen Bereich und im kosmischen Prozess von Anfang an (Urknall, Feinabstimmung der Naturkonstanten, Tasten der Evolution und Ausprobieren der relativ indeterminierten Möglichkeiten, Entstehung des Lebendigen usw.).[2] Soweit Dinge und Wesen für einander und darin für Gott offen sind, kommt er mit seiner Absicht und seinem guten Willen zum Zug, soweit sie sich verschließen, entstehen Übel, Schuld und Böses, die er nicht will (aber nicht verhindern kann, wenn die Freigabe gelten und nicht widerrufen werden soll).
In Botschaft und Geschichte Jesu wird vollends offenbar, was Gott will: er »will andere als Mitliebende haben« (Duns Scotus). Liebende Beziehung setzt aber Freiwilligkeit voraus und lässt sich nicht erzwingen. Deshalb muss

[2] Diesen Aspekt habe ich stärker hervorgehoben in meinem Beitrag »Wo bleibt Gott im Leiden seiner Geschöpfe? Die naturbedingten Übel und die Frage nach dem Wirken Gottes«, in: Theologisch-Praktische Quartalschrift 154 (2006), Heft 3 (Juni), 264-277, sowie kurz in meinem Artikel »Theodizee«, in: Basiswissen Kultur und Religion. 101 Grundbegriffe für Unterricht, Studium und Beruf, hg. von Beate-Irene Hämel und Thomas Schreijäck, Stuttgart 2007.

Gott einerseits auf Zwang und willkürlich veränderndes Eingreifen ins Wechselspiel der endlichen Kräfte und Geschöpfe verzichten, insoweit also seine All-Macht beschränken; erschaffen ist für Gott, wie Teilhard de Chardin sagte, »keine Vergnügungsreise«, sondern ein Risiko und Drama[3]. Deshalb hält Gott sich andererseits nicht aus dem Drama heraus, lässt sich vom Weltlauf, von der Mühsal, dem konkreten Leid und Glück der Geschöpfe betreffen, macht sich in seiner allen geltenden Liebe selbst verwundbar, leidet in den Gequälten *und* in den Quälenden. Er lässt sich selbst in das Drama ein, und dies so sehr, dass er »bis in die äußerste Entfernung, den unendlichen Abstand von sich selber hinausgeht«[4], sich in einem endlichen Menschen inkarniert, bis ans Kreuz, und sich so selber einsetzt in seine Welt. Wie aber kommt Gott dort, in seiner Welt, vor? Und wo bleibt er im Leid seiner Geschöpfe?

3. Jüdische und christliche Tradition unterscheidet zwei bzw. drei Weisen der Präsenz und des Wirkens Gottes in der Welt:[5]
(1) In allen geschaffenen Wesen ist Gott anwesend als der spiritus animans et vivificans (Luther), der ihnen »Sein, Kraft und Eigenaktivität« verleiht (Thomas von Aquin)[6]. Durch dieses allgemeine und ständige Schöpferwirken erhält Gott die Geschöpfe, und zwar auch dann, wenn sie damit Grausiges anstellen: dann er-trägt er sie, hält sie leidend aus, leidet an ihnen und in ihnen. *So* also ist der Atem des Göttlichen in allen Wesen, auch in den Übeltätern; *so* hat Gott auch mit dem Bösen zu tun, ist dieses nicht von

[3] Pierre Teilhard de Chardin, Mein Glaube, Werke Bd. 10, Olten 1972, 103.

[4] Simone Weil, Zeugnis für das Gute, München 1990, 18.

[5] Zu diesem und dem folgenden Punkt vgl. mein Buch »Den verborgenen Gott suchen. Gottesglaube in einer von Naturwissenschaften und Religionskonflikten geprägten Welt«, Paderborn 2006, Kap. 3 und 4 sowie 17; ferner meinen Beitrag »Schöpfung denken im Gespräch mit heutiger Naturwissenschaft. Zu Anschlussfähigkeit und zum Überschuss schöpfungstheologischer Aussagen«, in: M.Böhnke u.a. (Hg.), Freiheit Gottes und der Menschen. Festschrift für Thomas Pröpper, Regensburg 2006, 297–331.

ihm weggeschoben. – Aber *so* kommt Gott mit seinen eigentlichen Intentionen (seinem guten Willen für alle) noch gar nicht zum Zug. Naturgesetze und Evolution sind noch nicht das eigentliche Wirken Gottes, sie sind die – freilich dynamisch evolvierende – Bühne: Welches Stück auf ihr gespielt wird, hängt von den in ihre Eigendynamik freigegebenen Wesen ab; Gott hat es aus der Hand gegeben, in die Hand der werdenden Wesen und in unsere Hand (er kann nur dialogisch werben und locken). Deshalb ist nicht alles, was die Natur tut, Gottes Wille.[7] In der Natur zeigt sich Gott nur undeutlich und uneigentlich; sie bietet zu viele Spuren, um Gott schlechthin zu leugnen, und zu wenige, um gewiss zu sein[8]. Wegen dieser tiefen Zweideutigkeit der Natur nannte Luther die Kreaturen, auch wenn Gott *in* ihnen ist, doch nur »Larven« oder »Masken« Gottes (nicht eigentlich Spuren Gottes): da bekommt man höchstens die Rückseite Gottes, den verborgenen, nackten Gott zu sehen (und da bleiben all die Warum-Fragen), »vom Abgrund göttlicher Weisheit und Barmherzigkeit« erkennt die Vernunft hier rein gar nichts (der wird erst in Christus offenbar).[9]

(2) *In Menschen* aber, *wenn und soweit* sie die unbegrenzt allen geltende Güte (Gottes) in ihr Leben »einlassen«, kann Gott – auch wenn sie nicht an ihn denken – noch ganz anders gegenwärtig werden, wirken und sprechen: Er kann ihnen »einwohnen« wie der Geliebte im Liebenden

[6] Thomas von Aquin, Summa Theologiae I q. 8 a. 2 corpus.

[7] Der ohne Arme (mit verkrüppelten Händen an den Schultern) geborene Rainer Schmidt, der nach Tätigkeit in der Verwaltung mit 27 Jahren evangelische Theologie zu studieren begann, heute Pfarrer in Bergisch-Gladbach ist und bei den Paralympics in Sydney 2000 die Goldmedaille im Tischtennis bekam: »Ich bin kein Irrtum und keine Fehlkonstruktion des Schöpfers« (sondern die Wege der Natur haben mich so werden lassen); und »ich bin nicht behindert« (wenn ich auf der Kanzel stehe und predige oder wenn ich Hausbesuche mache und die Leute nach einem ersten Schrecken mir Dinge anvertrauen, die sie anderen nie sagen würden), andere, ›normale‹ Menschen sind viel mehr behindert.

[8] So Blaise Pascal, Fragment 229. Vgl. dazu oben 44f.

[9] Siehe oben 54f. – Menschen werden Spuren Gottes in der Welt nur dann finden, wenn sie von anderswoher schon eine Ahnung von Gott haben und wirklich auf der Suche nach ihm bleiben.

(Thomas), als der spiritus sanans et sanctificans (Luther), kann in ihnen mit seinen eigentlichen Intentionen (Güte, Agape, Gerechtigkeit, Bejahung, Heil *für alle*) Raum gewinnen und durch sie in der Welt zum Zug kommen. Hier kann man von Gottes eigentlichem Wirken sprechen.[10] Insoweit Menschen sich der Agápe zu anderen öffnen und damit Gottes Güte – ob nun seiner bewusst oder nicht – praktisch in sich Raum geben, realisieren sie ihre Bestimmung, Bild und Treuhänder Gottes in der Schöpfung zu sein, wird die Schöpfung partiell zum Ort der Herrschaft (der Güte) Gottes. Wo Menschen Gottes Güte nicht praktisch einlassen, kann Gott als er selbst (mit seiner Güte) auch nicht »vorkommen«. Und man muss sich nicht wundern, wenn man ihn dann dort auch nicht findet (oder höchstens in negativer Gestalt: als der vermisste Gott, als der geschlagene Gott).

(3) In *einem* Geschöpf aber, dem Galiläer Jesus, der ganz aus Gottes Gegenwart lebte, deshalb vorbehaltlos und bis zum äußersten liebte, konnte Gott sich in seinem wahren Wesen gegenwärtig machen, sprechen und wirken: als die un-bedingt für alle entschiedene Agápe. Deshalb ist Jesus (sein Beispiel und Wort, sein Leiden und Sterben) für Blaise Pascal[11] und für Christen überhaupt der Schlüssel zur Kenntnis Gottes. Jesus ist ihnen ganz transparent auf Gott hin, sie suchen und sehen den verborgenen Gott durch Jesus hindurch. Da – in Jesu Leben, Kreuz und Auf-

[10] Luther und die Apologie der Confessio Augustana (XII, 51ff) unterscheiden Gottes fremdes Werk (opus alienum) und Gottes eigentliches Werk (opus proprium). Letzteres bezieht sich auf das Evangelium Jesu Christi. Ich dehne es jüdischer und katholischer Tradition gemäß auf die Menschen aus, die und soweit sie für Gott und seine allen geltende Güte sich öffnen.

[11] Pascal, Fragmente 547–549; ähnlich Bonaventura, Johann Georg Hamann, Matthias Claudius und viele andere (vgl. dazu mein Buch »Das Stöhnen der Natur. Plädoyer für Schöpfungsspiritualität«, Düsseldorf 1990, 87f und 93–95). Matthias Claudius, Werke, Stuttgart 1962, 740f: Wir müssten achten auf »Menschen, in denen sich Gott weniger trübe spiegelt«, insbesondere auf Jesus Christus, das »vollkommen reine« Spiegelbild Gottes. So erleuchtet und angesteckt werde es möglich, dass ein Mensch »von Liebe zu Gott durchdrungen« werde und ihm so »Zeichen und Winke bedeutend werden und sein können, die ihm sonst und vorher unbedeutend und unverständlich waren«.

erweckung – begegnet ihnen die befreiende Wahrheit Gottes und erhellt die Weltszene.[12]
Wenn man aber Gott in Weg und Person Jesu findet und mit ihm wenigstens anfanghaft vertraut wird, dann kann man seine Spuren und Zeichen auch in andern Geschöpfen und in den kosmischen Prozessen finden.

4. Dann werden Glaubende die so mehrdeutigen Ereignisse der Welt und des Lebens anders deuten als Nichtglaubende (Konflikt der Interpretationen). Dann werden sie in vielen Ereignissen eine Fügung Gottes sehen, ohne dass sie diese beweisen könnten und andere gezwungen wären, es auch so zu sehen. Dazu nur einige wenige Hinweise.
Die naturale Evolution gleicht vom Urknall an (warum gab es den?) immer wieder einem Drahtseilakt, sie ist – wie heutige Astrophysik, Geowissenschaft, Evolutionsbiologie vielfach zeigen – voller extremer Unwahrscheinlichkeiten: Wir wissen heute z.B., dass in den ersten Nanosekunden nach dem Urknall die vielen Naturkonstanten (Expansionsgeschwindigkeit, Lichtgeschwindigkeit, Gravitationskonstante, Coulombkonstante usw. usw.) sich genau so herausgebildet haben, wie sie sind (aber wir wissen nicht, warum das so geschah); hätte auch nur eine dieser Naturkonstanten sich bei einem geringfügig anderen Wert eingependelt, so wäre im Kosmos nie Leben möglich geworden; Astrophysiker sagen, dass es zu dieser Konstellation kam, sei extrem unwahrscheinlich, 10^{80} mal wahrscheinlicher seien andere Konstellationen gewesen. Ferner müssen z.B. für einen Planeten mit Leben sehr viele ›Zufalls‹-bedingungen erfüllt sein; er muss den richtigen Abstand zu seiner Sonne einhalten, muss sich schnell genug drehen, um nicht auf der einen Seite überhitzt, auf

[12] Diese Welt (Natur und Menschheitsgeschichte) zeigt mir nicht klar, dass ein Sinn ist und das Gute siegen wird. Um im Kosmos und im Leben einen letzten Sinn zu finden (und nicht nur den kleinen Sinn und Unsinn des Alltags, des Fernsehens, des Business usw.), brauche ich die Fürsorglichen, die sich für andere einsetzen, auch wenn sie nichts davon haben, ich brauche sie (und mein eigenes Eintreten in ihre Reihen) als Hoffnungszeichen. Vor allem brauche ich diesen Jesus mit seiner Eindeutigkeit und Klarheit.

der andern unterkühlt zu werden (die Venus dreht sich nur einmal im Jahr, erhitzt sich auf der einen Seite auf 600° C usw). Weitere Beispiele: die Bildung der für Leben notwendigen Stoffe im Innern von Sternen; die geradezu ausgeklügelte Konstellation Sonne-Erde-Mond-Jupiter; die wegen des gewaltigen Vulkanismus ohne extraterrestrische Ausgleiche ganz unverständliche Permanenz einer lebensgünstigen Erd-Temperaturamplitude seit Jahrmilliarden; usw. usw. (Der schlimme Tsunami in Südostasien am 26. Dezember 2004, der manche am Schöpfer zweifeln ließ, ist viel leichter zu erklären als all diese erstaunlichen ›Zufälle‹.) Die zahllosen Momente sind so fein justiert, passen so extrem unwahrscheinlich gut zusammen, dass Menschen, die nicht durch gegenteilige Vorurteile festgelegt sind, auf die – wohlgemerkt: naturwissenschaftlich nicht beweisbare, nicht zwangsläufige[13] – Idee kommen können, hinter dem Ganzen könnte eine Absicht stecken. Glaubende *können* darin die transzendental-*dialogisch (!)* fügende Hand Gottes sehen, während Nichtglaubende dazu *nicht gezwungen* sind (sie können z.B. über viele Parallel-Welten spekulieren, was freilich nicht mehr Wissenschaft, sondern eine Deutung ist). Naturwissenschaftliche Erkenntnisse sind immer mehrdeutig, sie lassen immer auch a-religiöse Deutungen zu; und das ist christlich-theologisch sogar gefordert, weil sonst Gott sich mit Gewalt aufzwängen würde, also nicht mehr verborgen und Glaubensfreiheit nicht mehr möglich wäre.

Glaubende *können* auch in vielen Ereignissen ihres Lebens (einer Begegnung, einer Umkehr, einem Heilwerden, einem Durchhalten in Not, usw. usw.; auch in ganz kleinen Dingen) Fügungen, Zeichen und Winke Gottes sehen, obwohl es für diese Ereignisse auch naturwissenschaftliche, psychologische usw. Erklärungen gibt, die freilich nie das Ganze, sondern nur bestimmte Aspekte der Wirklichkeit erfassen. Und Glaubende können dann

[13] Das ist gegen die Kreatianisten und Intelligent-Design-Vertreter zu sagen, die hier von empirisch-naturwissenschaftlichen Beweisen reden, welche zur Annahme eines Gottes zwingen sollen; Glaube wäre dann unmöglich und unnötig.

das Gute, das da und dort trotz aller Widrigkeiten möglich ist und geschieht, für staunenswert, für wunderbar und für im Grunde unerklärlicher halten als das Schlimme und Böse[14].

Selbst einem, dem der Glaube abhanden gekommen ist, kann das Geschehen von Gutem unerklärlicher erscheinen als das Böse. Der ungarisch-jüdische Schriftsteller Imre Kertész, der Auschwitz und Buchenwald überlebt hat, sagt in seinem stark autobiographischen Roman »Kaddisch für ein nicht geborenes Kind«: »Hört doch endlich auf damit, dass es für Auschwitz keine Erklärung gibt« (er nennt Macht- und Lustgier, Feigheit, Wahn, Sadismus und andere Perversitäten); »denn das wirklich Irrationale und tatsächlich Unerklärliche ist nicht das Böse, im Gegenteil: es ist das Gute. Gerade deshalb interessieren mich schon lange nicht die Führer, Reichskanzler und sonstigen Titularusurpatoren, wie viel Interessantes ihr auch über ihr Seelenleben erzählen könnt, nein, statt des Lebens von Diktatoren interessiert mich schon lange einzig noch das Leben der Heiligen, denn das finde ich interessant und unfassbar, dafür finde ich keine bloß rationale Erklärung.« Und dann erzählt Imre Kertész eine Begebenheit: Lager, Winter, Transport, Viehwaggons, nur eine einzige kalte Verpflegungsration für viele Tage, jeder nur mit dem eigenen Überleben beschäftigt, doch vor dem Verladenwerden war seine eigene Ration an einen andern geraten, ein Gerippe von Mann, den sie nur »Herr Lehrer« nannten, und er selbst wurde vor den nächsten Waggon gezerrt, so dass er den Herrn Lehrer mit der doppelten Ration aus den Augen verlor; doch plötzlich schwankt dieser rufend und mit dem Blick rastlos suchend auf ihn zu, legt ihm rasch seine Ration auf den Bauch, und, obwohl bereits dabei zurückzujagen (weil er, wenn nicht an seinem Platz

[14] Vgl. dazu oben 43f (zu Boethius und Malraux) und 49f (zu Camus). – Weil die letzte Verantwortung für das Wagnis dieser Schöpfung auf den Schöpfer selbst zurückfällt, werden Glaubende den Schöpfer gewiss preisen für die Wunder der Schöpfung, ihn aber genauso auch nach den so unbegreiflichen Umwegen und Leiden fragen, – obgleich sie wissen, dass diese von der Eigendynamik der Geschöpfe herrühren.

angetroffen, totgeschlagen wird), sagt er mit einem sich schon auf den Tod vorbereitenden Gesichtausdruck »Was hast du denn gedacht?!«. Imre Kertész fügt hinzu: »Und dafür gebt mir eine Erklärung, wenn ihr könnt, warum er es getan hat«, warum er seine verdoppelte Überlebenschance »verwarf«. Er sinniert, »dass es also demzufolge doch etwas *gibt*« und der Herr Lehrer »nicht leben will, wahrscheinlich sogar nicht leben kann«, ohne eben dieses Etwas »unversehrt« zu erhalten.[15]

5. Von Anfang an leidet Gott mit seiner Schöpfung gleichsam Geburtswehen, dass der Geist der Agape, des Wohlwollens, der Güte, Gerechtigkeit und Bejahung mehr Raum finde. Er bangt darum, wie wir Geschöpfe uns selber formen, dass wir für uns und für andere heilsame Wege gehen[16]. Er wirkt aktiv-kreativ durch Menschen, die für ihn offen sind und sich von seinem Geist bewegen lassen, aber auch durch naturale und sozial-geschichtliche Ereigniskonstellationen: wirbt um Zustimmung, um Guttat und Heilung, gibt dazu Impulse, macht Angebote, gibt Kraft, eröffnet neue Möglichkeiten. Und er ruht nicht, bis die Wunden der Gequälten geheilt und die Verhärtungen der Quäler aufgetaut sind.[17]

[15] Imre Kertész, Kaddisch für ein nicht geborenes Kind (ungarisch 1990), Reinbek 1996, 55–60.

[16] Es erscheint inakzeptabel, dass ein guter Gott sich angesichts himmelschreienden Elends zurückhält und es nicht durch Eingreifen beendet. Manche sagen: Wenn mein Kind am Ertrinken ist, dann werde ich doch nicht zusehen, sondern ins Wasser springen. Indes, dieser Vergleich geht an dem vorbei, was hier zu bedenken ist. Wenn Gott die Schöpfung nämlich von Anfang an in ihre Eigendynamik und Eigenständigkeit hinein freigelassen hat, dann trifft hier eher der folgende Vergleich zu: Was tut ein guter Vater (oder eine gute Mutter), wenn der erwachsene Sohn (oder die Tochter) verkehrte, unheilvolle Wege geht? Er wird ihn nicht mit Gewalt davon abhalten können, ohne das Freiheitsverhältnis und damit die Basis für mögliches Vertrauen zu zerstören. Also kann er nur an die Einsicht appellieren, werben, bitten, diskret begleiten. Diese Analogie könnte Gottes Lage treffen.

[17] Gegen ein Missverständnis der Passion Christi und gegen eine falsche Mystifizierung des Leidens muss angemerkt werden: Gott wirkt nicht einfach durch Leiden, sondern er wirkt durch solches Tun und (aus dem Kampf gegen Leiden einem erwachsenden) Leiden, das innerlich von der Agápe erfüllt und geformt ist; denn »die Agápe stammt aus Gott«, und »wer liebt

Der Glaube hofft, dass es überhaupt keine Situation gibt, in der Gottes Möglichkeiten ganz am Ende wären. Er traut der Liebe Gottes zu, dass sie im nicht abgebrochenen Dialog alle Dinge und Menschen (auch das Verfahrene, Verhärtete, die Unversöhnlichen) schließlich doch mit ihrer Wärme aufzutauen und zu gewinnen vermag. Er traut Gott zu, dass er für diese schöne *und* geplagte Welt in seiner radikal anderen Dimension – gewiss durch Untergang und Verwandlung hindurch – eine Gutmachung bereithält, die alles Begreifen übersteigt (1 Kor 2,9). Der Glaube hat (in Jesus und manchem anderen) Anzeichen dafür, dass Gott reine Liebe ist, und vertraut darauf, dass er sich vollends als solche erweisen wird.

6. Wenn es einen letzten Sinn der Schöpfung und des Lebens gibt, dann kann er nicht in bloßer Einordnung der Übel und Leiden in das Ganze bestehen, sondern nur aus einer Verwandlung der Leiden, des Lebens, der Welt hervorgehen. Vieles in der Welt ist ja mit dem Glauben an diesen Gott der Liebe nicht vereinbar und würde ihn widerlegen, wenn es das letzte Wort behielte. Doch wer immer entschieden für das Gute Partei ergreift, der setzt – ob er es weiß oder nicht – letzten Endes auf diesen Gott, dass *er* sich erweise. Auf ihn zu setzen, ist ein Lebensexperiment (wie jede andere Weltanschauung auch), ein Lebensexperiment, das nicht unbedingt immerzu Glück beschert, aber Grund, Halt und Ziel, Gehalt und Sinn ins Leben bringt. *Sinn hat mein Leben, gut ist es, wenn* von mir auf andere Bejahung und Ermutigung ausgeht, so dass sie ihres Lebens wieder froh werden können und ihnen das Ja zum eigenen Leben, das Ja zum Mitmenschen, das Ja zur Schöpfung leichter wird.

und das Gerechte tut, der ist aus Gott geboren/gezeugt« (1 Joh 4,7f; 2,29; 3,10). Wo also Menschen *aus Agápe zu andern* handeln, leiden, ihr Leben hingeben, dort kann vom Wirken Gottes gesprochen werden. Wo aber ein Geschöpf nur leiden muss durch andere, da leidet Gott selbst auf uns unbegreifliche Weise; und da haben wir kein Recht, ein Handeln Gottes im eigentlichen Sinne hineinzuprojizieren, sondern nur die Pflicht, solches Leiden abzuschaffen oder wenigstens zu mildern und darin dem Wirken Gottes Raum zu schaffen.

Personenregister

(erstellt von Jacob Nordhofen)